星座小熊
BluesBear®

© Starring Ideas Inc.,Ltd.

5/21~6/21
第一本星座書

雙子座

話題滿滿接梗王

FB 粉絲 70 萬的人氣插畫家
作者◎星座小熊
暢銷星座書作家
曾新惠

今夜星光燦爛

　　星座之於人生，就像一道又一道的美食──

　　有時你會因為溫暖味蕾的甜味而感覺幸福滿溢，有時你會因為嗆衝腦門的辣味而涕淚齊發，有時你會因為直入心底的苦味而五官扭曲，有時你會因為刺激強烈的酸味而起雞皮疙瘩……這些五味雜陳，就像星座顯現的人生滋味，隨時在你心中發酵、迴盪。

　　某一段時間，你可能手氣大順、得意忘形，此時，就會有帶著考驗、壓力、限制意義的星星，現身來平衡你高張的氣燄；某一個時刻，你可能挫折不斷、失意沮喪，此時，就會有帶著幸運、慈愛、溫暖意義的星星，現身來平衡你低落的信心。

星光閃閃，每一顆星都有屬於自己的特質和使命，它們看似不相干，卻緊密相連，交織出一張張精彩美麗的人生星圖，猶如這世上變化萬千的各種滋味，總是讓人百般回味，心神滿足！

目錄 · CONTENT

雙子與各星座的美味關係

◇◇◇◇◇◇◇◇◇◇ **星座八卦站** ◇◇◇◇◇◇◇◇◇◇

雙子與各星座的愛情協奏曲

◇◇◇◇◇◇◇◇ **星座八卦站** ◇◇◇◇◇◇◇◇

12 種上升星座，12 種雙子

怎麼辦？雙子～

〰〰〰〰〰〰 **星座八卦站** 〰〰〰〰〰〰

PART 1

說到雙子座

以最完整的分類方式，

掃描一遍雙子的各項基本資料，

讓你快速掌握雙子的關鍵特質。

雙子速寫

生日：5/21~6/21

符號：♊

英文：Gemini

守護星：水星

守護神：漢密斯（希臘），墨格利（羅馬）

性質：陽性

屬性：風象星座

宮位：第 3 宮

宮位性質：變動宮

代表詞彙：我變

數字： 5、8

星期： 星期三

顏色： 藍色

花朵： 鈴蘭

寶石： 黃寶石

材質： 玻璃

物品： 新鮮好玩的物品

身體部位： 眼睛、手

偏愛場所： 百貨公司、網咖、派對

優點： 風趣、溝通力、反應快、多才多藝、足智多謀、語言天分

缺點： 沒耐心、不專心、神經質、圓滑、缺乏原則、不可靠

性格原罪：膚淺

契合星座：天秤、水瓶

對立星座：射手

緊張星座：處女、雙魚、天蠍、摩羯

中立星座：牡羊、金牛、巨蟹、獅子

◇ 神話由來

　　斯巴達的皇后麗妲，同時生下兩對雙胞胎，其中一對是卡士達和克莉汀妮絲德拉，而另一對則是波利克斯和海倫。卡士達和波利克斯感情很好，但在一次與外人的爭鬥中，卡士達被殺死了，波利克斯傷心欲絕，請求與卡士達同死，宙斯憐憫兩人的兄弟情深，便將波利克斯的壽命分一半給卡士達，此後，兩人永不分離，同時成為天上的星座之一。

◈ 愛情觀

「喜歡」是一種可以隨時改變的感覺，不受道德的約束、沒道理可說，更不必談什麼負責任的嚴肅問題，想愛就愛、想分就分，隨興自然，毫無束縛；一段接一段的愛情史，就是串連人生的美妙過程。

◈ 人際觀

很容易交朋友，風趣幽默的特質，以及三天三夜也說不完的豐富資訊，大受歡迎；但與人相處未必真心，一切都只是因緣際會，當相識的因素消失，彼此的關係也隨風而逝，立刻又可展開另一段新友誼。

◈ 金錢觀

喜歡多重來源的賺錢方式，除了正職之外，

還要同時兼幾個不一樣的差事，錢多錢少無所謂，可以享受一邊玩樂、一邊賺錢的趣味，才是重點。投資方面，求新求變，玩遍各種不同的金融投資工具。

◈ 工作觀

機警聰明，展現多才多藝的特質，對於資訊的掌握能力更是高人一等，不僅對公司動向、上層內幕瞭若指掌，同事之間於公於私的各種大小消息，亦是無所不知，是天生就適合在職場生存的類型。

◈ 職業

傳播業、服務業、推銷員、作家、出版業、廣告業、主持人、記者、祕書、翻譯員。

◈ 名人代表

男性：韓國瑜、胡瓜、伊正、周傳雄、張雨生、周渝民、柯震東、倪匡、杜汶澤、習近平、郭敬明、張鐵林、唐納川普、克林伊斯威特、摩根費里曼、強尼戴普、福士蒼汰、唐澤壽明、中川大志、二宮和也、朴寶劍

女性：呂秀蓮、賴佩霞、劉若英、戴資穎、莫文蔚、陳嘉樺、陳綺貞、寇乃馨、徐熙娣、梁靜茹、楊丞琳、Maggie Q、迪麗熱巴、瑪麗蓮夢露、安潔麗娜裘莉、上野樹里、鈴木京香、長澤雅美、松隆子、波瑠、新垣結衣、潤娥、金泫雅

一天一種雙子座

5月21日

善於溝通力，條理分明、原則明確、殷實懇切，讓對方覺得倍受尊重，適合擔任居中協調者的角色；雖然賺錢能力不錯，但理財能力卻不怎麼樣，再加上耐心不足，經常搞得荷包快要見底了卻不自知。

5月22日

對任何事都有自己的定見，也會自設目標，達成率雖不到百分之百，但成績尚稱滿意，而且很會安排自己的生活；沒耐性，脾氣不好，尤其遇到緊急狀況，更是像全身著火一樣，猛爆發狂，讓人敬而遠之。

5月23日

　　雖然對於權力遊戲沒有太大的興趣，但如果有人以高報酬加以利誘，成交機率頗高，標準的利益導向者；有些冷漠，不主動關心別人，很難找到可交往數十年的知心好友，對於人際關係沒有長線投資概念。

5月24日

　　喜歡一心多用，可惜重量不重質，容易讓人留下開高走低的負面印象；具有獨特的個人魅力，能掌握自我發揮的關鍵，異性緣佳，桃花旺，適合從事與人互動的工作，如公關、業務、服務業等等。

5月25日

　　推銷能力強，口才好卻不油腔滑調，反應快卻不投機取巧，讓人留下極佳印象，不論推銷內容是自己或商品，都能大獲好評；喜歡短期旅行，強調自然景觀的旅遊地點或新奇鮮麗的都會區，都能讓你盡興。

5月26日

　　不吝於分享自己美好的、實用的經驗，在團體中扮演知識分享與傳遞的角色，十分稱職且廣受好評，但要避免捲入流言風暴，自身修養很重要；有時會因為缺乏安全感而封閉自己，渴望心靈的厚實感，只要聽到他人的讚美，就能開心一整天，是一個脆弱又容易滿足的人。

5月27日

對自己的能力太有把握，孤注一擲，不留後路，事後懊悔已於事無補，還不如事前先將預設風險空間，才能有翻身的機會；具有寫作天分，但要持久以恆，不可一直想著一夕成名，否則只是徒勞無功。

5月28日

行動力很強，想到什麼就做什麼，常常能抓到一些別人來不及發現的好機會，但也可能因為出手太快而摔得鼻青臉腫，應試著找出平衡點；喜歡說好聽話來吸引他人的注意或博取大家的信任，定性不足。

5月29日

把問題想得太容易，當出乎預料的狀況如雪片般飛至眼前時，大勢已去，必須花費數倍的力

氣挽救，老是無法記取教訓；隨著成熟度的增加，以及社交經驗的累積，對於人際關係的處理更顯遊刃有餘。

5 月 30 日

獨立，思緒敏捷機巧，在他人眼中是工作能力極強的高手，但私底下卻是小迷糊，人前人後的真實性格有些許落差；計算每一份付出的投資報酬率，若不如預期就立刻收手，再尋找有利益、有賺頭的目標。

5 月 31 日

八面玲瓏，不管遇到什麼狀況都能處理得宜、皆大歡喜，機智過人，就算不小心身陷危機，也能在最短的時間裡全身而退；沒什麼責任感，經常上演言而無信的戲碼，而且即使因此被斥責或

批評，也覺得無所謂，不懂得為別人著想，有時甚至讓人覺得無情。

6月1日

理智、冷靜、有邏輯、腦筋動得很快，不管再怎麼複雜的狀況，都能迅速理出頭緒，找到解決方案，令人拍案叫絕；不容易感動，情感如一陣又一陣的風，稍作停留之後便逝然而去。

6月2日

只要停留的時間久一點，就開始坐立難安，受不了固定的模式、動作、位置、環境，需要不斷地移動和變化，才能感覺暢快自在；做事沒原則，一下往東、一下往西，說話顛三倒四，讓人覺得不可靠。

6月3日

對於名利不是那麼在乎，努力的痕跡也稍嫌淺薄，玩樂重於工作；幽默風趣、知識豐博，在團體中極受歡迎，與他人之間最重要的活動就是交換訊息，不論真假好壞，照單全收，就像一部資訊處理機。

6月4日

缺少目標和方向，縱使忙碌，也只是瞎忙一場，雖然你總是強辯說那是因為別人不瞭解你所造成的誤會，但實情如何，你自己心裡有數；才華洋溢，好像有變不完的戲法，令人嘖嘖稱奇。

6月5日

你的拿手絕活就是幫自己或別人想辦法，再

糟的狀況，你都能化險為夷，再慘的困境，你也能快速解套，別人想不來的妙計，你想個三秒就能信手拈來，天賦異稟；喜怒哀樂的情緒轉化極快，因而變得過分隨興，無法靜心定坐、堅實執行、貫徹始終。

6月6日

對於別人的建言聽而不聞，對於他人的批評無動於衷，活在自己覺得舒服的生活節奏中，不受干預；沒有階級觀念，三教九流都能應付自如，在人際圈中是一個左右逢源、很吃得開的社交寵兒。

6月7日

學習力很強，任何事物只要看過一眼就能掌握七、八分，可惜無法堅持到底；即使情緒已被

撩撥，心中掀起巨大漣漪，外表依然冷靜、理性，無法將自己真正的情感完全釋放出來，因而容易被誤解或批評。

6月8日

同時具有寫作與語言的天賦，對於文字的敏感度遠超過一般人的水準，可利用這方面的才能賺取實質利益，或當作增強人際關係的工具；見獵心喜，一直處於追尋的狀態，不滿足，也很難安定下來。

6月9日

習慣性的逃避，有時連自己都不知道在害怕什麼、躲藏什麼，心裡有一個缺口，永遠等著被填補；適應力很強，面對不同的人事物與時空，

仍能悠然自得，很快就能找到屬於自己的生存法則。

6月10日

做什麼事都是先動手再說，不加思索，仗著自己的反應快就得意忘形，總有一天會栽跟斗、受大傷；善於經營人際關係，喜歡結交有勢力、有利於己的朋友，八卦消息靈通，被公認為資訊集散中心。

6月11日

對於最近資訊的掌握度稱得上是第一把交椅，不管政治財經，還是時尚美食，只要是新鮮的、流行的訊息，從不錯過遺漏；沒有勇氣面對不喜歡的事物，跨越不了心理障礙，總是選擇逃避。

6月12日

一旦出現沮喪情緒，需要好一段時間才能復原，所幸自癒能力強，否則別人也幫不上忙；喜歡各種與通訊或資訊傳遞有關的新工具，喜愛上網，對於可隨時接收來自世界各地的第一手資訊，感覺很興奮。

6月13日

溝通方式令人覺得很舒服，不疾不徐，溫和而有力量，尤其當對方處於不知該如何是好的窘境時，你的角色就是一盞明燈，幫忙指引出一條可行之路；容易聰明反被聰明誤，再加上貪心的毛病，常常把優勢變成劣勢，想要補救，又得花上一番功夫。

6月14日

　　不執著，懂得隨勢而轉，雖然有時難免產生疑慮，但很快就能釐清，繼續前進，從一隻深陷泥沼的小蟲，變成輕盈飛翔的小鳥；雖然不至於犯下什麼令人髮指的罪行，但小奸小惡是有的，例如動些手腳讓情勢扭轉、遊說關鍵人物改變既定事實等等，小聰明用不完。

6月15日

　　喜歡年輕、快速、新奇，受不了老氣、緩慢、陳舊，有一顆好奇的心和一雙忙著看世界的眼睛，時時刻刻都急著挖掘新鮮事；容易與他人變成朋友，但互動關係很快就會由濃轉淡，無法累積出深厚的情誼，身邊的朋友總是來來去去，猶如過客一般。

6月16日

　　天生的社群動物，心思敏銳，反應快捷，善用在各種場合、與不同身分人士相處時應有的專屬語言和模式，一切表現總是那麼得體、那麼令人印象深刻；過於神經質，稍有動靜就感到不安、煩躁，睡眠品質不好，容易有神經衰弱的傾向。

6月17日

　　最怕被綁手綁腳或被什麼限制住而無法動彈，渴望自由的生活，最好什麼責任都不必負，逍遙自在，即使一個人也不覺得孤單；興趣廣泛，點子源源不絕，天天過得精彩豐富，任何事都能當成一種趣味。

6月18日

隨心所欲，做事不需理由，做人不需道理，只要自己快樂就好，有些自私、有點自我，但聰明又有想法，總是讓人又愛又恨；雖愛冒險，但沒有承擔後果的膽識，最好還是節制一點，以免收拾不了殘局。

6月19日

　　與人如蜻蜓點水般的交往方式，其實是自我保護的障眼法，明明需要活在人群之中，卻又渴望一個人的自由，時常在矛盾的情緒裡掙扎；很愛玩、很愛說話、很愛沒見過的事物，忙著搶到第一手資訊。

6月20日

　　多才多藝，學什麼像什麼，模仿功力一流，現學現賣不是問題，但沒有耐心；對於數字有些

天分，尤其與投資理財相關的資訊，更有特別興趣，只是野心不能太大，否則容易一錯再錯，落得回不了頭的下場。

6 月 21 日

腦筋比誰都要靈光，可惜缺乏自信，外表看來輕鬆自在，其實內心惶恐不安，若無法克服心魔，做什麼事都難有成就；喜歡說故事給別人聽，大家也很捧場，口才極佳，能用語言感動他人。

PART 2

遇見 4 種血型的雙子座

星座和血型就像連體嬰，

談到星座，免不了要把血型拿出來講，

那麼，乾脆就讓它們大合體，

擦出更眩目的火花吧！

Ａ型雙子

　　雙子對這世界充滿好奇，人生哲學是「逝者已矣，來者可追」，只要沒見識過、沒聽聞過、沒接觸過的，都是玩樂的好題材，至於那些陳舊的過往，就讓它們隨風而逝吧；Ａ型膽子小，不愛冒險，只想規規矩矩地做好每件事，覺得自己沒有玩樂的心情和本錢，深怕一個不小心，誤入歧途或跌入萬丈深淵，自己也沒把握救得了自己。

　　雙子的心情轉變速度極快，倏忽開懷大笑，八卦、笑話講不完，倏忽沉默不語，誰也不想理，瞬間消失，常讓人覺得捉摸不定；Ａ型的心情大多處於不冷不熱的陰天，但只要發生一點小麻煩，立刻烏雲密布，充斥著山雨欲來風滿樓的恐怖氣味。

　　雙子是雙面組合，有陰暗和開朗這兩面，一

遇到 A 型，陰暗會被加強，開朗會被削弱，整個人變得不那麼活躍明快，做事的節奏緩慢許多，甚至可能陷入憂鬱情緒，無法自拔。

A 型雙子想的多但做的少，無法在行動中實踐理想、累積經驗、體驗生命的酸甜苦辣，承受壓力和困難的能力越來越弱，以致於只能淪落到耍嘴皮子的窘境，空有才華卻無用武之地，這一切都是自己不願付諸行動的後果，怨不得別人。

當心嚮往著自由，罪惡感立即伴隨而生，當玩樂的念頭占據全身的神經，擔心受怕的心理又如鬼魅一般如影隨行，這就是 A 型雙子常有的矛盾情緒，硬要把正經八百和古怪特異這兩種八竿子打不著的感覺湊在一起，的確很容易把一個人搞到瘋掉。

A 型雙子雖然偶有為了配合情境而說話比較誇張的情形，但在大部分的狀況下，多能言出必

行，也不會因為一時的敷衍就輕易承諾，基本上給人的印象還不錯，但必須克服情緒化的問題，避免任意表現出太多種情緒，讓旁人覺得無所適從。

　　A 型雙子常會表現出連自己也覺得莫名其妙的言行舉止，有時讓人覺得驚喜，有時讓人覺得冒失，這是因為渴望隨興自由的心，急於想要突破拘謹困境，因而產生的不協調現象，猶如雙頭馬車，往兩個不同的方向猛烈拉扯，最後的結果多是兩敗俱傷。

A 型雙子之最

- ✪ 最沒有承擔力
- ✪ 最口是心非
- ✪ 最衝突
- ✪ 最易陷入低潮

 **B型雙子**

雙子愛玩、善於交際、喜歡人多的熱鬧氣氛，無論何時何地，都不想帶走什麼或留下什麼，只對短暫、快速、有爆點的訊息有興趣；B型總是能隨遇而安，和位高權重的上流人士能搭得上話，跟平民百姓也可以玩得很投入，生冷不忌、葷素不拘，人緣極佳。

雙子的興趣廣泛，隨時都在獵取新鮮好玩的事物，雖然往往都只有三分鐘熱度，但也著實為人生增添不少豐富的色彩；B型很難靜下心來好好完成一項任務，因為能引發注意力的東西實在太多了，在這一趟人生之旅中，嘗鮮和玩樂才是主題，至於那些讓人覺得不愉快的記憶，就用最快的速度忘掉吧，人生苦短，何必無端折磨自己。

雙子的好動、好奇、好說、好玩、好變、好

學，因為 B 型的加入而變本加厲，所有不安定的元素全都來湊熱鬧，一窩吱吱喳喳、吵鬧不停的分子相互推擠衝突，但偶爾也充分合作，而且彼此相愛，總之，在這樣的化學作用下，若一個人身上同時出現極好與極壞的結果，似乎也不會讓人感覺意外了。

B 型雙子機智靈巧，反應驚人，能在極短的時間裡成為眾人目光的焦點，有一種與生俱來的聰明天分，別人學不來，自己也說不出個明確的道理，但每一次隨機應變的事蹟，總是讓人嘖嘖稱奇。

B 型雙子自己愛說話，同時也喜歡聽別人說話，每天忙進忙出的最主要工作就是交換資訊，把聽來的和蒐集到的訊息快速消化完畢後，用生動有趣的方式傳遞給所有人知道，這件事對一般人來說，似乎沒什麼特別之處，但對 B 型雙子來說，卻是讓人生快樂的重要泉源之一。

如果有人覺得自己能想出辦法來掌控 B 型雙子，那根本是癡人說夢，搞不清楚狀況。B 型雙子滑溜、速變、奇轉，百招千術用不完，連自己下一分鐘會出現在哪裡、說出什麼樣的話、做出什麼怪事，都說不出個所以然了，其他人怎麼可能跟得上這快速又迂迴的步調？

　　B 型雙子平時做事馬馬虎虎，但一講起八卦來，倒是仔細澈底、少有遺漏，而且風趣幽默，是大家的開心果。

B 型雙子之最

- ✪ 最投機取巧
- ✪ 最八卦
- ✪ 最有語言天分
- ✪ 最沒有感情

O型雙子

　　雙子的溝通能力很強，各種和居中協調有關的任務，都能做得十分稱職，而且反應快、效率佳，只要用少少的力氣，就能得到不錯的成績，事半功倍；O型最受不了的就是動作慢，一看到他人推推拉拉、要死不活的樣子，心裡一把無名火就會直衝腦門，恨不得自己親上戰場，速戰速決，給個痛快。

　　雙子的方向是飄移的，現在覺得往東比較好，等會兒又覺得似乎往西遇到新鮮事的機率更高，接著，不小心聽到小道消息，立刻再改方向……就這樣沒完沒了的改變，自己不嫌煩，但旁人都看昏了；O型既然訂了方向和目標，就不會隨意更動，剩下的事只有努力往前衝，以及拿出克服萬難的勇氣，堅持到底，絕不退縮。

隨時在變動的雙子，遇到一意孤行的 O 型，就像一齣沒有劇本的喜劇，在不經意的衝突火花中尋得無窮的樂趣，在一來一往的相互較勁中找到意料之外的平衡點，雙子的悠哉自在讓 O 型的暴戾之氣降火不少，而 O 型的認真執著也讓雙子的變動曲線平緩許多。

　　O 型雙子就算沒事也會找事做，閒不下來，覺得人生必須在動態中才能找到存在感，安靜或沉默會讓人窒息，就像水要不停地流動才能保持生態的完整與永續，所以「動」就是王道。

　　O 型雙子的脾氣來得快也去得急，不熟識的人也許會被嚇壞，其實那只是短暫的瞬間，在大部分的時間裡，還是一個喜歡東聊西扯的搞笑分子，只是 EQ 還有改善的空間。

　　帶著一點雞婆性格的 O 型雙子，總是刀子口豆腐心，嘴裡愛罵人，但心卻是熱燙燙的，一知

道哪裡有火要救，就衝第一個，等事情搞定了也不愛人家酬謝，因為受不了溫馨感性的濫情場面，寧可速速離開，尋找下一個需要幫助的目標，或下一攤讓自己輕鬆自在的樂子。

O型雙子辯才無礙，若有人想在嘴巴功夫上戰贏，先下個十年功夫再說吧！能說、愛說已是O型雙子身上最鮮明的標籤，有先天的優良基因，也有後天的不停鍛鍊，可說天下無敵，難有人能出其右。

O型雙子之最

☆ 最有效率

☆ 最具口才

☆ 最喜歡刺激

☆ 最怕無聊

AB 型雙子

　　雙子常被人用見風轉舵、牆頭草、打蛇隨棍上之類的詞句形容，說好聽的，意思是這個人能隨機應變、見機行事、反應敏捷，但說難聽的就是只往好處裡鑽，沒原則、沒立場；AB 型雖然聰明，但是性格多變，容易陷入多慮的泥淖，搞得自己神經衰弱。

　　雙子說的和做的總有一些或大或小的距離，日積月累下來，相處過或合作過的人一致認為雙子口才好得沒話說，但信用卻似乎是個大問號，感覺很不牢靠；AB 型沒什麼耐性，性格極端，不易相處，可是一旦答應他人的事，一定會想辦法完成，算是信守承諾的人。

　　雙子是兩個人的組合，AB 型是兩個血型的組合，可見，雙子加上 AB 型會是多麼熱鬧的組合

啊！AB 型雙子是兩個人和兩種血型元素排列組合後的新個體，極其多元、複雜，別說旁人覺得問題難解，就連自己也常常覺得很頭痛呢！

別人要花十分力氣才能學會的事物，AB 型雙子只要用三分力氣就綽綽有餘了，機智過人，聰穎慧黠，效率奇高，學習力超強，往往是某個領域的達人或頂尖高手，智能表現倍受欣羨與崇敬。

AB 型雙子容易在人際關係方面出現問題，主因出在不懂得站在對方的立場為人著想，僅憑自己的聰明才智就主觀定論，可能因而損及他人的權益或心裡感受，卻不以為意，與人互動少了一份溫暖關懷的體貼之心，讓人覺得很不舒服。

缺乏安全感的 AB 型雙子，比任何人都需要大量的愛與關懷，否則很容易就會變成一個憤世嫉俗的叛逆分子，看什麼人都不順眼，做任何事都不順心。其實，與其等愛，不如先付出愛，在行

動展開的第一時間，所有幸福滿溢的感覺就會源源不絕而來，要學著相信自己。

　　AB 型雙子的情緒容易出現不穩定的狀況，時而機靈聰敏，時而糊塗隨興，時而易感暴怒，時而親切和藹，讓人實在找不出一條可以遵循的遊戲規則；少有平靜、安心、放鬆的時刻，是人生一大關卡，如果能找到方法跨越，未來立刻從黑白變成彩色。

AB 型雙子之最

　✪ 最神經質

　✪ 最多重性格

　✪ 最會自我解嘲

　✪ 最不穩定

12 星座最怕哪些事？

牡羊　最怕沒搶到第一，最怕依賴別人，最怕無聊。

金牛　最怕變動，最怕沒有美食，最怕沒錢。

雙子　最怕資訊落後別人，最怕一成不變，最怕拖太久。

巨蟹　最怕沒依靠，最怕冒險，最怕緊急狀況。

獅子　最怕沒面子，最怕安靜，最怕冷清。

處女　最怕失序，最怕髒亂，最怕被指責。

天秤　最怕沒朋友，最怕沒人陪，最怕失態。

天蠍　最怕沒隱私，最怕沒權威，最怕被背叛。

射手　最怕給承諾，最怕被限制，最怕愛計較。

摩羯　最怕速度太快，最怕不受尊重，最怕不確定。

水瓶　最怕沒自由，最怕守舊，最怕太感性。

雙魚　最怕壓力，最怕被規定，最怕被要求負責任。

PART 3

雙子與各星座的美味關係

當雙子與各個星座碰在一起，

會產生什麼化學變化，

能變出什麼美妙的人生滋味呢？

你也來嘗嘗吧！

 雙子 VS 牡羊

關係指數 ★★★★★
特調滋味 厚實濃烈
秘密武器 福禍與共

　　牡羊心中坦蕩，無愧天地，做人做事光明磊落，天不怕地不怕，把冒險犯難當成一種體驗人生的享受，對於貧乏單調的恐懼更甚於受傷挫敗，不願用循規蹈矩來換取安全，寧可接受挑戰、對抗強權，非要把自己弄得渾身是傷，才覺得符合熱情勇敢的英雄主義。

　　每每面對一件事，從決定、執行到結束，只能用風馳電行來形容，急得不得了，屬於趕死人不償命的衝動派。好奇心強，對自己有興趣的事物，全心投入、全力以赴，反之，則絕不勉強自

己，甚至連正眼瞧一眼都懶得，對於喜惡的反應很極端。

企圖心強，信心滿滿，凡事都想搶第一、拔頭籌，相信只要是自己想得到的，一定能達陣成功，沒有輸的理由，只有贏的希望，隨時隨地抱持的信念都是積極樂觀和永不言敗。

雙子和牡羊雖性格不盡相同，卻有類似的基本調性，所以兩人的相處總是隨興自在，沒有負擔和壓力，即使雙方因為某原因而必須成為競爭對手，也不會產生什麼大問題，反正兵來將擋、水來土掩，彼此心裡沒疙瘩，光明正大地較量，不耍陰、不鬥狠，雖然對勝負很在意，但也把過程中你來我往的樂趣視為重要的一環。雙子性子急、牡羊性格火爆，但都是來得快去得急，即使有爭吵，也不記恨，情誼恢復得快。

雙子和牡羊都喜歡新奇有趣的事物，當一個

提出冒險計畫，另一個一定想都不想就立刻附和，而且溢於言表的興奮之情，很快就把兩人的情緒推升至最高點，不管試什麼、玩什麼都能盡情盡性，是一對很適合玩樂嘗鮮的組合。

◈ 如何調出兩人的美味關係？

從外表看來，兩人喜歡的事物和行事的風格似乎不完全相同，但若仔細研究分析，就會發現根本是殊途同歸的同路人。兩人不但有著極大部分的相似特質，而且還有共同的習性和興趣，如果能時常彼此分憂、分擔、分享，便可讓原有的優點發揮得淋漓盡致，且對於增長見識和改善缺點亦有莫大助益。

 **雙子 VS 金牛**

關係指數 ★ ★ ★

特調滋味 平淡無奇

祕密武器 各司其職

　　金牛喜歡看得到、摸得到的具體實物，因為真實的擁有能帶來安全感，不必為虛幻或充滿變數的未知空等，已經握在手上的才算得上是資產。做人可靠，做事穩重，待人和善客氣，對自己的技能和才華有信心，但不會喧嚷自誇，強調以實績服人。

　　動作緩慢，按部就班，重視計畫，一旦處於快速多變的狀態，會有幾近心臟病發的不適感，對於周遭一切變化完全來不及消化和反應，容易造成沮喪和挫敗感。觀念保守，思想刻板，不敢

冒險，也不想嘗鮮，覺得規律安穩的生活即是最大的快樂。

　　喜歡吃美食和具美感的事物，平時節儉成性，每花一分錢都要再三斟酌，但會為一次豐盛的大餐或一件嚮往已久的昂貴物品實行存錢計畫，只要一存夠錢，便毫不猶豫地買下，享受自給自足的踏實感。

　　雙子對於金牛緩慢的速度真是不敢苟同，總覺得金牛一直在浪費大好時光，別人都已經走了十個階梯，金牛卻還在第一、二個階梯磨蹭，也不知道在忙些什麼，等到時間不斷流逝，跟其他人一比較起來，金牛累積的經驗一定是少的，而那樣的人生怎麼會豐富精彩呢？但金牛卻不這麼認為，別人重量，自己重質，沒有誰好誰壞、誰對誰錯，只是這樣的做法能讓自己安心快樂，又有何不可！

不過，雙子和金牛的步調雖然天差地遠，卻是可以相互搭配的一對組合。當雙子用敏銳的嗅覺找出主題，並以高段的企畫力迅速做出計畫，便可交由認真謹慎、毅力驚人、執行力超強的金牛去實踐，只要兩人停止相互嫌棄，把焦點放在共同的目標，相處情形就會好轉許多。

◈ 如何調出兩人的美味關係？

對方的長處是自己缺乏而且羨慕的，對方的短處是自己獨有而且有能力幫助對方改善的，彼此的關係就好像優缺點互補的組合。剛開始相處時，可能因為性格的差異而有所保留或顯得尷尬，但只要一方願意先卸下防衛的面具，拿出具體的誠意來，兩人之間立刻多了一座用溫暖和真誠造成的友誼橋樑，從此相輔相成、愉快融洽。

# 雙子 VS 雙子

關係指數 ★★★★★

特調滋味 料多味美

秘密武器 創意激發

雙子的想法千變萬化，手腳爽利明快，全身細胞永遠都處在活躍跳動的狀態，就連睡覺做夢都能想出令人拍案叫絕的新點子，生活有趣精彩。辯才無礙，善於交際，什麼話題都能聊，什麼人都能相處融洽，但大多口頭之交，對於累積情誼並沒有幫助。

對於訊息的蒐集、處理和傳遞能力，無人能及，好聽的說法是人人崇羨的資訊達人，但較貼近事實的稱號應該是唯恐天下不亂的八卦王，整天穿梭在如槍林彈雨的大小資訊之間，不但不覺

得紛亂煩擾，反而有一種蓬勃生動的趣味，不亦樂乎。

遇到該負責任時，不是插科打諢混過去，就是用裝死的方式逃避，不是一個有承擔力的人。做事只有三分鐘熱度，過了興頭就棄置一旁，也不管完成程度如何，很難老老實實地做好一項任務。

兩個雙子的組合，最貼切的形容就是聰明加倍、幽默加倍、速度加倍、混亂加倍、輕率加倍、謊言加倍，或許，身為當事者的兩人玩得不亦樂乎，但周遭的人往往不是被耍得團團轉，就是被氣得吹鬍子瞪眼，實在想不到什麼妙計來對付，覺得頭痛不已。

當兩人的情緒頻率同屬於高點時，玩興大發，什麼誇張的惡作劇點子都想得出來，生活多采多姿、精彩豐富；當兩人的情緒頻率一高一低時，

一方不會濫情地給予安慰，而另一方只想獨自安靜地處理情緒，誰也不需負擔誰的心情，可以理性地分開行動；當兩人的情緒頻率同屬於低點時，只要不斷地和對方談話、分享，就能漸漸理出頭緒，並轉換心情，很快地，兩個風趣機智的雙子就又現身在大家眼前了。

◇ 如何調出兩人的美味關係？

你有的，對方也有，你缺的，對方也缺，兩個人就好像照鏡子一樣。感情好的時候麻吉得不得了，但是一言不合、起衝突時，嚴重性也會甚於其他人。其實，彼此對對方的心情是惺惺相惜的，不僅相互欣賞優點，也會為對方的弱點擔心，那麼，何不勇敢地表達出自己心裡真正的心意呢？兩人應該經常交換生活心得，多給予對方鼓勵，要說氣話之前先冷靜一會兒再溝通，即可避免無謂的爭端。

 **雙子 vs 巨蟹**

關係指數 ★ ★ ★

特調滋味 平淡無奇

秘密武器 各司其職

　　巨蟹在這世上最愛的、最想照顧的就是自己的家人、族人、同類人，只要能扯上關係或有共同之處，便掏心掏肺、犧牲奉獻，而且完全不求回報，是一個寬大為懷、溫厚親切的人，不過，容易膽怯畏縮，也沒什麼主見，經常處於猶豫不決的狀態。

　　生性敏感，尤其對於人情世故的細微變化，更是感知深刻，很會看人臉色，但卻不懂得排解情緒，再加上習慣以悲觀負面的角度來解讀事情，以致於常自陷憂傷可憐的氣氛之中，難以自拔。

面對不合理或不舒服的情況時，總是不自覺地壓抑情緒，等到忍無可忍時，才整個大爆發，猶如突然投下一顆原子彈，讓人感覺情緒反應十分兩極。理財觀念強，不僅精打細算，而且懂得對收入和支出做完善規畫，絕不會發生寅吃卯糧的慘劇。

雙子的情緒起伏其實並不比巨蟹小很多，但是一般人對巨蟹情緒化的印象，總是比雙子來得強，那是因為巨蟹會把心情好壞明顯地表現出來，而雙子則喜歡獨自一人處理情緒，低潮的時候，大不了痛哭一場，不必麻煩別人安慰，緊張的時候，自己找方式抒壓，不想讓不安的心情影響別人。雙子總是保持一貫的冷靜理性，而巨蟹則是典型的感性派，所有行徑都以情緒好壞為準則。

雙子喜歡巨蟹的親和力，卻受不了巨蟹的黏膩、猶豫、溫吞，巨蟹欣賞雙子的多才多藝，卻不喜歡雙子看似靈巧卻不踏實的做事態度，兩人

對對方皆有褒貶，並非一面倒的批評指責，也就是說，彼此或許不易成為多麼麻吉的好友，但起碼是可以和平相處的。

◈ 如何調出兩人的美味關係？

　　一個是急性子，一個是慢郎中，兩人的關係並非絕對的對立，相互干擾與相互協助的部分也不大，就像曾經打過照面，但彼此不熟，只是各自過著生活的鄰居。既然雙方之間有本質的差異，就要學著尊重對方的想法和做法，一方不可強勢的要求，另一方也不需以弱勢自居，否則久了一定會爆發難以想像的問題，倒不如平時就建立平等的觀念，自然就可相安無事地繼續相處下去。

 雙子 vs 獅子

關係指數 ★★★★
特調滋味 香氣逼人
秘密武器 攜手尋歡

　　獅子把自己定位成一個君臨天下的王者，所以喜歡指揮別人、習慣發號施令、重視排場、講究氣氛，無論出現在什麼場合，一定要成為最閃亮的那個顆星，眩目華麗且光芒四射，若有人膽敢對君威不敬或對君命不從，必以威猛狂嘯的獅吼功伺候，非要對方懾服不可。

　　熱情樂觀，正直誠懇，魅力十足，在群體中能發揮以正面能量感染他人的效果，即便自己遇到煩惱或傷心的事，仍願意伸出援手去幫助別人。具創造力和戲劇天分，樂於將自己心裡真實的想

法，藉由創意和表演與人分享，沒心機，不計較，更無害人之心。

因為自命不凡，所以驕傲自大、霸道武斷，因為自封為王，所以不容異己、重權要勢，而且脾氣特別大，為所欲為，只要有人不小心犯了忌諱，就大動肝火，容易讓人留下喜怒無常的印象。

雙子和獅子的價值觀不盡相同，雙子追求的是精神上的逍遙愉悅，而獅子要的是實質權利和響亮名聲，一個是心情上的快樂，一個是實際上的擁有，但兩人之間的衝突性並不強烈，有時甚至成為一種奇妙的互補作用，例如雙子豐富多變的想像力，可以刺激思維，讓獅子的創造力發揮得更完整，而獅子勇敢果決的領導力，則可帶領雙子去到任何新奇有趣的地方，獲取寶貴經驗。

不過，如果相處時間一久，彼此的新鮮感褪去，慢慢地，雙子會因為獅子的霸氣和強勢而漸

行漸遠，獅子會因為雙子的輕承諾和不守信而大發雷霆，原本兩人的良好關係突然變調，雖不至於發生激烈不快，但在誰也不想讓步的情況之下，想要重修舊好，似乎不易。

◈ 如何調出兩人的美味關係？

彼此之間存在著一股莫名的吸引力，但卻不十分強烈，清清淡淡、輕輕盈盈，相處的時候，感覺愉悅自在，不相處的時候，也不會特別想念，像是一種相互欣賞但不親密的隨緣感覺。其實，雙方各有優點，倒是缺點的部分比較類似，所以特別需要相互提醒、規勸，把對方當成明鏡，隨時修正自己的缺失，才能共同進步提升。

雙子 VS 處女

關係指數 ★★

特調滋味 甘苦交混

秘密武器 尊重對方

處女的分析能力和組織能力皆高人一等，不管面對再怎麼混亂雜錯的狀況，都能在最短的時間內理出一個清楚明確的頭緒，以及讓所有人都覺得滿意的結果，勤奮努力，堪稱處事高手、效率達人。

精密有序是基本要求，確實負責是中心思想，完美無瑕是必達標準，即使因此必須過著嚴謹忙碌的生活，亦覺得開心充實，毫無怨言。雖然，表面看起來是一個事事實際、利益分明的人，其實具有高度熱忱，樂於為需要幫助的人提供服務。

自己嚴守紀律，也強迫別人跟著遵循，看什麼事都不順眼，愛批評、愛挑剔，整天嘮嘮叨叨、碎唸不停，讓旁人大呼吃不消。在人前的表現總是謙遜有禮、不爭不搶，但在人後的真實面目卻是錙銖必較，手上不僅握緊了箭，同時也備好了盾，可攻可守，絕不吃虧。

雙子和處女都是思緒活躍的人，只是若以外在表現來看，雙子的行動較快速敏捷，處女的態度較謹慎嚴密，所以是一對有相似處、也有相異處的組合。在討論事情時，雙子和處女的想法不斷激盪，你來我往猶如武林高手過招，刀光劍影、峰峰銳利，不過雙方都是理性的人，懂得拿捏分寸，還不致於搞到見骨見血、你死我活的血腥場面。

但一說到心態和實際行徑，兩人的分歧點立即出現，雙子講求的是快速，只要能在最短的時間內完成，品質馬虎一些是可以被接受的，然而，

處女不但要求速度快，還要確實精準，不能有一點點的誤差，簡單說就是要快又要好，非要做到一絲不苟才算達到標準。可見，若想平衡兩人之間的差距，恐怕還需要花費一番功夫才行。

◈ 如何調出兩人的美味關係？

　　基本上，兩人的性格差異是不小的，不是快與慢、熱與冷的組合，就是動與靜、攻與守的搭配，很難被放在同一個天秤比較，也極少被拿來一起配對。但其實雙方還是有一兩個相似之處，暗暗地支撐著彼此的友誼架構，只要一方肯用心發掘，並將自己的想法誠懇地表達出來，很快就能打破藩籬，建立良好新關係。

 # 雙子 VS 天秤

關係指數 ★★★★★

特調滋味 鮮甜入味

秘密武器 相輔相成

　　天秤很在意平衡的問題，左邊是十公斤，右邊也要是十公斤，左邊放了一朵花，右邊也要放一朵花……只要一看到左右不對稱，就覺得渾身不舒服，非要想辦法改善，直到合乎公平公正的標準為止。

　　為人客氣溫和，與人相處融洽，喜歡愉悅舒服的氣氛，所以總是盡其所能地避免爭端是非；當問題的關鍵人是自己時，委曲求全、以和為貴，當問題出在他人身上時，則自願擔任居中協調者，為的就是能大事化小、小事化無，大家和睦愉快

沒紛爭。

注重形象，氣質出眾，親和力與溝通力特別好，活躍於各個人際社交圈，擁有迷人又知性的公關魅力。浪漫的理想主義者，紙上談兵的功力遠遠超過真槍實彈的實戰經驗，再加上愛享樂、不愛工作的習性，容易給人安逸懶散、光說不練的印象。

雙子想要四處遊蕩，所以幻化成一陣風，今天到山裡找精靈玩耍，明天到港口找魚兒聊天，自由自在、無拘無束，這時候，在一旁的天秤二話不說地也跟著一起變化、一起暢遊、一起冒險，而這就是雙子和天秤能成為氣味相投的絕妙組合的原因。

只要是雙子喜歡的，天秤大多也都不排斥，只要是天秤想做的，雙子也會願意配合，因為兩人的觀念和行為模式相近，不需多費唇舌溝通、

解釋，就能立刻實現心裡共同的想望，那是一種無法和其他人擦出的火花，更是一種言語難以形容的過癮。雙子和天秤不一定常常膩在一起，各有屬於自己的生活空間，但不表示兩人的關係冷漠疏離，因為適度地分隔對理性與愛好自由的彼此來說，才是最好的安排。

◇ 如何調出兩人的美味關係？

兩人對於事情的看法、欣賞的風格、喜歡的類型，總是不謀而合，好像這些狀態是特地為彼此量身定作似的，契合得令人驚嘆。因為溝通管道暢通、做事速度和方法相近、相互信任依賴，又有共同的理念，所以很適合成為親密夥伴，無論是哪一方面的合作搭配，都能創造出好成績，是一段值得終生經營的正面關係。

 **雙子 VS 天蠍**

關係指數 ★★★

特調滋味 苦中帶酸

秘密武器 親疏分明

　　天蠍因為精明幹練、執著專注，所以被人視為不好惹的狠角色，又因為嫉惡如仇、報復心強，而被當作可怕的冷血者，在群體之中，就像一個天生的絕緣體，凡人不敢靠近、常人避免接觸，大家都躲得遠遠的，深怕一不小心就成了毒螯下的祭品。

　　外表看起來冷酷幽暗、默不作聲，其實是一個外冷內熱、用情至深的人，全身散發神祕的吸引力，一旦決定付出，就難以收回，而且要求對方同等投入，否則玉石俱焚；無法忍受被背叛，

占有欲極強。

　　具有如偵探般敏銳的直覺和洞察力，能一眼看穿對方心裡的真實想法，主觀意識強烈，對於追求真相和揭發內幕特別感興趣。善用謀略，執行力強，勇於克服困難，不輕易被挫折打倒，說到做到，絕不含糊其事或打馬虎眼，極具競爭力。

　　雙子喜歡和人互動，聊天也好，玩耍也行，只要與外界保持聯繫，都是一件讓人心情大好的事，而天蠍剛好相反，不但不愛跟他人有既定目的之外的接觸，更常躲在一旁用冷冷的態度和犀利的神情觀察別人，老是一副陰森森的模樣，讓雙子看了之後，渾身直打哆嗦，突然從一個聒噪者變成急凍人，不知接下來該如何是好。

　　雖然，天蠍沒說一句話，也沒做任何動作，但雙子的活潑和風趣只要一遇到天蠍，馬上失效，因為不管雙子說什麼，天蠍的回應總是面無表情，

讓雙子覺得好像被澆了一桶冷水，熱情頓失。而天蠍對於雙子誇誇其談、光說不練、輕率隨興的態度也頗不以為然，兩人都有互看不順眼之處，想在一時半刻裡取得共識，可能性似乎不高。

◇ 如何調出兩人的美味關係？

對於對方的神情態度與處事風格，十分不以為然，甚至鄙視不屑，總覺得自己什麼都比對方好，只要有一方說一句話或做一個動作，另一方立刻就表現出不耐煩、不苟同的嘴臉，互看不順眼。但是，冤冤相報何時了，這時候反而應該用更多的愛與耐心，包容對方，檢討自己，才有可能化干戈為玉帛，轉負為正，創造雙贏的局面。

雙子 VS 射手

關係指數 ★★

特調滋味 甘苦交混

秘密武器 尊重對方

　　射手就像讓人心情大好的暖陽、可治百病的笑聲、充滿希望的正向能量，一切變得如此美好，是一個人人都想接近和學習的對象。喜歡接觸新事物，經常旅行，結交各領域的朋友，富哲學思考，同時具有行動力和實踐力，所以智慧過人、知識廣博。

　　不受框架的侷限，不理會制度的規範，熱愛自由，奔放開闊，即使付出的代價是不斷地被騙、被傷害，亦無所謂，依然樂觀開朗，勇敢冒險，為的就是尋找別人一輩子也到不了的奇境聖地。

口沒遮攔、快人快語，往往刺傷了對方的心卻毫無知覺，老是顧著自己開心，卻忘了替別人著想。過於理想化，還沒想清楚得失利弊就直接衝出去，十次有九次都以傷痕累累收場。說話誇大，動作誇張，又害怕承諾，特別容易給人留下不牢靠的負面印象。

雙子和射手抓的是同一條浮木，只是各執兩端，這邊高，那邊就低，想要幸福美滿，就必須學會平衡之道。雙子其實並不討厭射手，射手對雙子也沒什麼意見，只是兩人的狀態總是無法在同一個時間點往同一個方向前進，不是一快一慢，就是一東一西，要說是多嚴重的問題，倒也稱不上，但總是讓雙方覺得不舒服、不協調。

雙子喜歡射手的大方熱情，更佩服射手的博學多聞，而射手欣賞雙子的反應機智，也享受雙子的風趣幽默。雙子和射手聯手出擊的威力極強，出乎任何人的想像，但是如果兩人非要堅持己見、

互不相讓，所產生的殺傷力也不可小覷，簡單說，就是水能載舟、亦能覆舟的道理，而結果的好壞就視彼此如何協調而定了。

◈ 如何調出兩人的美味關係？

雙方的關係是既衝突矛盾，又掙扎拉扯，好像只要兩人同時存在一個空間裡，氣氛就變得不對勁，不是雞飛狗跳，就是僵持不下。其實，彼此的狀態就像蹺蹺板，一邊高的時候，另一邊就必須低，相互配合才能和諧，如果硬要都爭高或都搶低，下場當然很慘烈，還不如先談妥搭配的方式，並從禮讓和瞭解對方做起，一定可以慢慢地漸入佳境。

 **雙子 VS 摩羯**

關係指數 ★★

特調滋味 甜鹹不調

秘密武器 相互包容

　　摩羯喜歡遵循古法、重視禮教、實力雄厚，而且特別強調安全，凡事只要可能承受風險，哪怕只是小得微不足道，談不上任何威脅，一樣會斷然拒絕，是一個不折不扣的老頑固、老長官、老學究。

　　一生之中有百分之九十的時間都用在工作上，除了真實的工作時間比一般人長許多之外，連休息、甚至睡覺都在想與工作有關的事，是大家公認的工作狂，生活規律而缺乏變化，刻板而不懂情趣，成熟而過於嚴肅拘謹，認真可靠而沒有意

外的驚喜。

　　深沉內斂，情感壓抑，有點悲觀傾向，但意志力和執行力十分驚人，一旦確定目標就不會改變，持續穩定地前行，雖然速度不快，但是步步走得踏實，再加上絕佳的領導力與組織力，往往能成為跌破大家眼鏡、最後坐上成功者寶座的人。

　　雙子特別重視多元、變化和靈活，一件事可以有不同的角度、一個問題可以有不同的解決方案，人生更應該有無限的可能，絕對不可死守在同一個陣地裡默守成規，那是坐以待斃的笨方法。而摩羯則強調單一、規律和一致性，一條路只有一種走法、一項計畫只有一種結果，人生必須在既定的規則下運作，才不會因為意外狀況而付出不必要的慘痛代價，努力維持一個安全的人生。

　　雙子和摩羯不僅經常溝通不良，而且對對方的行為也頗有微詞，雙子總是取笑摩羯是不懂得

變通的老頑固，摩羯老是批評雙子是輕浮又不負責任的說謊家，兩人生活在截然不同的世界裡，用自認為舒服開心的方法面對人生，只要能做到互不干擾，應該就算是最美好的狀態。

◈ 如何調出兩人的美味關係？

即使對方什麼都沒做，也沒礙到誰，但彼此對對方都有一種說不出個所以然的反感，只是還不到針鋒相對的地步，不會在檯面上把自己心裡真正的想法全盤托出，尚為對方保留一些面子，也為自己留些餘地。道不同不相為謀，既然不適合湊在一塊兒，就不應該勉強，只要各司其職，把該做的事做好，井水不犯河水，自然也就皆大歡喜了。

 # 雙子 VS 水瓶

關係指數 ★★★★★

特調滋味 料多味美

秘密武器 創意激發

　　水瓶忽遠忽近、忽淡忽濃、忽冷忽熱的詭異性格，總是得到兩種極端的評價，那些熟識的麻吉好友，異口同聲說這就是不矯揉造作、自然泰若的真性情表現，而那些初次見面的陌生人，則破口大罵：「不懂地球遊戲規則的外星人，有什麼好踐的啊！」

　　獨立創新，冷漠主觀，叛逆孤僻，以致於在群體中顯得格格不入，常常冷不防地就躲進只有自己瞭解的世界，與世隔絕，不想理人，也不想被理。其實，內心裡深藏著博愛、為人類服務的

高度理想，只是懶得解釋，覺得時機到了，該懂得的人就會懂得，不需多費唇舌。

　　雖然才華洋溢，但不刻意外露，雖然具備賺大錢的能力，仍淡泊名利，一生最怕的事就是失去自由，寧願當一個餓著肚子卻滿懷理想的自由鬥士，也不願成為口袋滿滿卻綁手綁腳的大富豪。

　　雙子和水瓶對自由的渴望都是很急切，只要稍有被束縛的感覺，立刻以行動表示抗議，絕不妥協。整體說來，雙子比水瓶熱情，喜歡群團熱鬧的感覺，並對自己扮演八卦訊息交換中心的角色，樂此不疲，而水瓶則比雙子叛逆，具有推翻舊制的革命精神，獨立又自我，不在乎他人的眼光，只關心自己想做的事。

　　不過，即使彼此之間有所差異，做人處世的方法也不同，卻不影響兩人的情誼與默契，看待對方的角度反而是，自己做不到的部分，如果對

方能做到，而且真正做出特色來，便會為對方覺得高興，頗有一種惺惺相惜的意味。雙子和水瓶都是冷靜理性的人，不會把加油鼓勵的話掛在嘴邊，但其實對對方的肯定認同之心是一直存在的。

◈ 如何調出兩人的美味關係？

兩人的契合度是百分百，一方只要眨眨眼，另一方就知道意思，是靈魂伴侶，也是精神支柱，更是可以同甘苦共患難的知心好友，不必多說就能心領神會，無論在一起做什麼都覺得開心自在，而且理念和價值觀一致，即使偶爾發生意見分歧的狀況，也很快就能取得共識，並尋得解決之道，互動關係十分完美。

 # 雙子 VS 雙魚

關係指數 ★★

特調滋味 清淡無味

秘密武器 挖掘優點

　　雙魚愛上的是一種感覺，一種迷濛夢幻的感覺，一種無法具體描述，但卻使人無限依戀的感覺，那是精神層次的追求、心靈寄託的依歸，只有遠離複雜刺激、針鋒相對、物欲橫生的陸地，回到溫暖柔軟的廣闊海洋，才能放心地悠遊，感受前所未有的舒適安全。

　　天真浪漫，單純脫俗，慈悲體貼，特別同情貧苦弱勢的可憐人，即使自己只剩一碗飯，也會毫不考慮地先給最需要的人吃，然後再一邊忍受飢餓、一邊尋求更多援助，是一個善良又寬厚

的人。

　　喜歡逃避，自制力弱，缺乏判斷力，容易受騙或受誘惑，而且一旦陷入深淵就很難自拔，經常遊走在善與惡的交界。直覺、潛意識、玄學、神祕學等靈性方面的啟發能力極強，藝術天賦高，在音樂、戲劇、寫作、舞蹈等方面的表現優異，令人讚嘆佩服。

　　雙子雖然不是一個會把話說死、把事情看得太絕對、把細節解釋得一清二楚的人，但無論如何都比雙魚的曖昧不明、模糊不清要好多了，起碼雙子會以速戰速決的方法脫離一場已經理不出頭緒的迷糊仗，不像雙魚不但自己深陷天旋地轉的漩渦，還常常把身邊相干的、不相干的人也都一起扯進來，前面的問題還來不及解決，後面的新狀況又跟著湊熱鬧，新舊、好壞、是非全攪在一塊兒，真是慘不忍睹。

雙子不喜歡雙魚一遇到麻煩就裝可憐，一點獨立的能力都沒有，然而，雙魚覺得雙子總是光說不練、缺乏耐心、不值得信賴，似乎也沒好到哪兒去。雙子和雙魚就像四個靈魂隨時在拔河、糾纏，想要等到方向完全一致的時刻，似乎比登天還難。

◈ 如何調出兩人的美味關係？

一個要往東，另一個就想往西，一個覺得美妙開心，另一個就嗤之以鼻，兩人來自不同的世界，話不投機、水火不容，不管從哪個角度切入都無法找到共同點，若硬要湊在一起，只會消耗彼此的時間和精力，並留下一堆歇斯底里的怨言。倒不如學著尊重對方，你走你的陽關道，我過我的獨木橋，不強求，也不期待，彼此會過得更快樂。

12 星座笑傲群星的過人特質

牡羊　行動力，勇敢，急躁，天真，自信。

金牛　節儉，耐力，固執，鑽牛角尖，穩重。

雙子　幽默，速度，機智，話多，八卦。

巨蟹　愛家，敏感細膩，懷舊，包容力，情緒化。

獅子　領導力，創造力，表演天分，自大，風度。

處女　責任感，批判，守規矩，挑剔，細心。

天秤　猶豫，社交力，愛美，和諧，善辯。

天蠍　心機，嫉惡如仇，吃醋，冷酷，神祕。

射手　愛玩，樂觀，熱情，誇張，神經大條。

摩羯　事業心，執行力，堅持力，嚴肅，認真。

水瓶　創意，搞怪，博愛，理性，好學。

雙魚　浪漫，胡思亂想，心軟，逃避，藝術天分。

PART 4

雙子與各星座的愛情協奏曲

當雙子與各個星座掉進愛的漩渦時，

怎麼做才能擁有一段讓人動心、覺得窩心、

感到開心的愛情呢？

這裡有祕技在此公開。

雙子 love 牡羊

　　牡羊情人的脾氣爆點很低，一觸即發，稍有不對勁就大發雷霆，不鬧到滿城風雨絕不罷休，最好再來個對方被嚇到屁滾尿流的戲碼，那就更過癮了。不過還好的是，脾氣來得快、也去得急，才一轉眼，臭臉變笑臉，怒氣變笑聲，像疾風驟雨後的燦爛豔陽。

　　受不了欲迎還拒、半推半就的黏膩感，一旦有了愛情的感覺，二話不說，立刻化身為愛的戰神，全力發動攻勢，誓言用最短的時間擄獲對方的心；當愛的感覺消失時，亦是直來直往，無法忍受拐彎抹角、冷嘲熱諷，有什麼不爽快就大剌剌地說出來，直接給雙方一個痛快。

　　喜歡征服的勝利感、喜歡在愛情關係裡占上風、喜歡對方崇拜自己的眼神，討厭不說話的冷

戰、討厭對方在眾人面前不給面子、討厭對方死纏爛打，愛情字典裡沒有羞赧曖昧，只有清楚明白的要或不要。

雙子和牡羊都屬於速度快的急性子，對於兩性關係的態度也不那麼嚴謹，兩人都覺得一見鍾情是可以被接受的，還有，除了情人之外，同時擁有異性知己是很正常的事，不需大驚小怪，更不應該被約束。雖然，偶爾也會為了與其他異性的問題爭吵或打翻醋罈子，但只要一方稍加安撫就會沒事，是一組願意互給空間的配對。

雙子喜歡新鮮感，牡羊好奇心強烈，兩人最適合一起嘗試有點刺激又有些冒險的事物，不但滿足感加倍，還可增進彼此感情。雙子和牡羊都很獨立、很有想法，所以相處時要經常提醒自己，不可太自我，否則容易只顧著自己的需求而忽略對方感受，對感情造成傷害。

◇ 如何吹奏兩人的愛情協奏曲？

雙方的契合感是渾然天成的，不矯情，不必刻意培養，即使單純地坐著也覺得愉快，對於某些事或某些狀況能很快地取得共識，不僅愛情指數穩定向上攀升，就連愛情濃度也持續增高，彼此相親相愛的情景羨煞所有人。所以，兩人只要堅持不讓沒事變有事、小事變大事，就能安然無恙地共創美好未來。

讓牡羊動心的祕技 天真坦白，樂觀，

不囉嗦。

讓牡羊窩心的禮物 玩具、運動用品、

公仔、新上市的商品。

讓牡羊開心的場所 遊樂園、新奇的店、

速食店、運動娛樂中心。

雙子 love 金牛

　　金牛情人沒有搶取豪奪的氣勢，也沒有你死我活的狠勁，但卻有一千度的強烈占有欲，只要對方的眼神因為其他異性而稍微飄移、心思因為若有所思而小幅振盪，立刻醋勁大發，生悶氣、大聲甩門、拒絕親近等招術紛紛出籠，表示嚴重抗議。

　　喜歡吃美食、美麗的餐廳、有質感的禮物，只要營造具備這些元素的場景，兩人世界頓時如花團錦簇般夢幻美好，感情急速加溫。無論感情再怎麼長久、甜蜜，都不要牽扯到任何的金錢借貸關係，否則晴天馬上變雨天、熱情馬上變冷漠，千萬別挑戰節儉王的底線。

　　忠心誠懇，深情專注，執著持久，不玩愛情遊戲，一旦愛了就全力以赴，不僅心無旁鶩地愛

著對方，而且早已偷偷計畫兩人的未來，相戀、結婚、生子、偕老……即使八字只有一撇，還是覺得開心滿足。

雙子的性格雖然比較急了一些，但並非暴躁惡劣，唯獨在面對動作遲緩、老半天不吭一聲、久久不作任何反應之類的慢郎中時，很容易因為耐不住性子而發火，譬如金牛就是典型的例子。

當雙子興沖沖地問金牛想吃什麼、做什麼、玩什麼，金牛停頓滯悶的時間總是過長，讓雙子原本的高度期待立刻降溫，熱情銳減；當雙子已經整理好三個選項讓金牛選擇，金牛還是遲遲說不出一個答案時，雙子耐心全無，乾脆自己去找樂子，反而輕鬆愉快。雙子和金牛不僅快慢的速度無法配合，就連思考與行為模式也是天差地別，實在很難培養出令人快樂的愛情。

◈ 如何吹奏兩人的愛情協奏曲？

　　彼此雖然生活領域不同，基本特質亦有差異，但卻因為並非全然的落差和衝突，反而有一種欣賞對方和想要向對方學習的心情。兩人時而以柔克剛或以強扶弱，時而以慢制快或以快帶慢，感覺真美妙。不過，可惜這美妙終究是短暫的，等到時間一久，最初因差異而產生的新鮮感漸淡，回歸原點，不契合的現象也就紛紛浮出檯面了。所以，兩人最佳的相處模式應該是遠觀而不褻玩，保持距離、以策安全。

讓金牛動心的祕技 可靠，幽默，有藝術品味。

讓金牛窩心的禮物 藝術品、珠寶、園藝用品、各式招待券。

讓金牛開心的場所 美麗與美食兼具的餐廳、藝術中心、郊外。

雙子 love 雙子

　　雙子情人的愛情態度被大家貼上「花心」的標籤，但自己對這樣的評價卻不以為然，總覺得自己只不過是真實呈現人性多重愛欲的自然本性而已，大家實在沒必要如此嚴肅正經，更不應該為此亂扣倫理道德的大帽子，不妨輕鬆一點、放開心胸地面對愛情。

　　幽默風趣成為在愛情世界裡悠遊自得、左右逢源的最佳利器，一旦發現獵物，得手的成功率幾乎高達百分之八九十，懂得善用自己的優勢，是一個聰明、花樣多的愛情獵人。

　　愛情要讓人愉快，而不是讓人沉重；愛情生活應該精彩豐富，而不是規律穩定；愛情之所以迷人，是因為追求的快感，而不是耐心的等待；愛情最讓人興奮的部分是達陣之前的疾速奔馳，

而不是達陣之後的塵埃落定；愛情最令人回味的是曾經擁有，而不是天長地久。

當雙子愛上雙子，就像一場驚險、刺激又精彩的冒險，不僅兩人大呼過癮，就連身旁的人也看得眼花撩亂，該拍手叫好的時候忘了拍手，該大喊加油的時候忘了加油，一切都亂了套，誰也不知現在到底何年何月、何種景況，甚至最後的結局如何，也沒有人敢拍胸脯保證，只能說兩個雙子的愛情就像沒完沒了的連環套，找不到畫休止符的落點。

雙子愛對方所帶來的快樂，不問答案、不求結果，讓彼此都能完全沉醉在甜蜜的愛情裡，毫無負擔、輕鬆愉快。然而，愛情畢竟是自私的，一旦對方的花心程度甚於自己，或是不負責任的逃離速度比自己快時，濃情迅速轉淡，連再見都來不及說，就又開始尋覓新目標了。

◇ 如何吹奏兩人的愛情協奏曲？

　　要描述兩人在一起的感覺，最貼切的形容就是又愛又恨。當彼此磁場契合、頻率相同的時候，怎麼看怎麼順眼，就算對方講的話無聊至極，也能肉麻當有趣地笑得花枝亂顫，但如果兩人意見不合時，對對方的容忍度立刻降到零度，毫不留情面。所以，不妨多想想對方的優點和兩人曾經共有的甜蜜回憶，等氣消了、怨沒了，自然雨過天晴。

讓雙子動心的祕技 不黏膩，變換花招，
有新鮮感。

讓雙子窩心的禮物 度假招待券、手機、
益智遊戲、趣味商品。

讓雙子開心的場所 咖啡廳、百貨公司、
旅遊景點、大賣場。

雙子 love 巨蟹

　　巨蟹情人要的愛情是一份包含了溫柔體貼、善解人意、至死誓言的安全感，暖暖的、厚實的、永恆不變的。在真愛來臨之前，害羞、不知所措，沉醉在真愛裡的時候，甜蜜深情，卻又惴惴不安，當真愛確定不移之後，放心安穩，一生奉獻，毫無保留。

　　雖然，兩情相悅的美麗情懷是不可欠缺的，但更圓滿美好的表現應該是再加進像家人一樣的親情，因為那才是不怕洪水猛獸侵襲、不懼天崩地裂破壞的情感，源遠流長，直到永遠。

　　容易猶豫不定，且情緒起伏較大，所以需要對方循序漸進的引導，以及耐心地守候，不適合火力全開的激烈攻勢。兩人爭吵時，無法在第一時刻把思緒理清楚、把話說明白，必須經過一段

時間冷靜思索，才會有答案，對方若一昧強硬逼迫，不但無效，還可能產生反效果。

　　雙子和巨蟹在一起，會產生一種難以言喻的矛盾心情，有時候，雙子覺得巨蟹善解人意的程度已經到達令人覺得不可思議的地步，尤其在夜深人靜、午夜夢迴時，特別容易想起那股體貼窩心的溫暖；然而，有時候，雙子也會因為巨蟹過於黏人、敏感、猶豫而被搞得渾身不舒服，好像被什麼牽制著、限制住，總是綁手綁腳，無法自由自在，所以會想盡辦法保持距離，以圖清靜。

　　雙子並不討厭巨蟹，只是兩人的基本調性不和，一個大膽嘗鮮，一個小心翼翼，一個思緒飛快，一個猶豫不決，一個不安於室，一個極需安全感，要是談起感情來，大小摩擦更是不斷，實在很難維繫。

❖ 如何吹奏兩人的愛情協奏曲？

打從相識之初，兩人就覺得不對盤，若是繼續相處下去，非但情況不易好轉，甚至每況愈下，最後只好以漸行漸遠收場。彼此的性格完全不同，喜好幾乎零交集，沒有共同話題，難以理解對方的思考模式，對於參與對方的生活更是興趣缺缺，所以，如果雙方仍想要攜手共度未來，一定要懷抱著無比的決心和包容力，否則最後還是要說再見的。

讓巨蟹動心的祕技 愛家，關懷體貼，寵愛。

讓巨蟹窩心的禮物 手工藝品、傢飾品、仿古傢俱、田園風格商品。

讓巨蟹開心的場所 花店、安靜溫暖的餐廳、跳蚤市場、懷舊之地。

雙子 love 獅子

　　獅子情人所認定的愛情是轟轟烈烈、濃情蜜意、瘋狂烈愛……總之，就是一個不折不扣的重口味者，一旦陷入愛河，勢必高調地昭告天下，深怕漏掉一耳一目，而此舉的目的不僅是為了享受引人側目、招來嫉妒的得意感，更想讓對方感受到雄渾烈火般的愛意。

　　愛面子又不認輸，即使是自己做錯也不許別人笑，堅持保有尊貴的地位和非凡的氣勢，對方只要懂得順著獅毛梳理，不硬碰硬或逞嘴上之能，一定可以贏得歡心，過著吃香喝辣、橫行無阻的風光生活。

　　雖然有自己的喜好和行事風格，而且有些霸氣、自大，卻不會隨便亂發脾氣，只是一旦對方犯了大忌，引發獅子發火，可能就很難收拾了。

喜歡群聚的熱鬧氣氛，真正為兩人世界所花的時間和心力不多，把情人和朋友放在一起玩樂的模式似乎才是最愛。

雙子被歸類為花心一族，獅子被定位成不甘寂寞的人，兩人在愛情世界裡被外界設定的角色似乎負面意味多於正面，因此當雙方相遇，成為彼此的愛情拍檔時，總是不免產生同是天涯淪落人的心情，不僅互嘆被大家誤解之苦，而且更有一種緊緊相依的親密感。

雙子因為自己對異性相處的尺度很寬，所以並不會刻意限制獅子的交友狀況，而獅子一向以朋友多、熱心又熱情聞名，所以也不會規定雙子只能和同性朋友來往。總之，雙方不但對愛情的觀念一致、衝突性少，又有嘗鮮尋樂的共同興趣，可說是契合度頗高的配對。

❖ 如何吹奏兩人的愛情協奏曲？

　　一開始的感覺很普通，沒有心花朵朵開的浪漫感，也沒有不屑鄙視的嫌惡感，就像一般朋友。但隨著時間地積累，慢慢日久生情，好感度逐漸增加，到最後甚至有越陳越香的態勢，算是滿契合的一對。所以，雙方相處的重要關鍵在於突破初識的生疏、猜忌、冷漠，只要成功進入互有好感的第一階段，之後就能一起登上愛之船，遨遊愛之海了。

讓獅子動心的祕技 讚美，順從，玩樂的興致高昂。

讓獅子窩心的禮物 華麗閃亮的飾品、太陽眼鏡、高價精品、皮件。

讓獅子開心的場所 舞廳、五星級飯店、高級俱樂部、狂歡派對。

雙子 love 處女

　　處女情人的規則多如牛毛，異味止步、指甲不能太長、看書時不能用力折……這些規則讓那些搞不清楚狀況的人動輒得咎，前面那條規則都還沒瞭解透澈，接下來的一句話或一個動作，又馬上又犯了錯，簡直就要把對方搞瘋了，而自己也因為氣到爆青筋而快出人命。

　　喜歡談有建設性的話題、喜歡具學習價值的活動、喜歡可獲取實質利益的工作，謹慎務實的特質讓愛情變得不怎麼浪漫，但對於個人性格的磨練與成長，倒有極大的幫助。

　　把親情、友情與愛情切割得一清二楚，無論是自我認知或實際行為，都沒有模糊地帶，執行嚴明，同時也要求對方達到一樣的標準。雖然，愛挑剔，愛叨念，但卻是一個以誠相待、對感情

負責，交往到一定程度即願意與對方攜手共度一生的情感穩定分子。

　　雙子的愛像飄忽不定的風，自己都無法確定今天的風要往哪個方向吹，也不知道風速會有多大，一切都看當下的心情而定，沒有任何原則和標準，所以，常使得謹慎、守紀律的處女痛苦不堪，不知該依循什麼才好，只能從一次又一次的爭執中尋找解決問題的蛛絲馬跡，然後整理成雙方都能接受的遊戲規則，讓感情往更美好的未來前進。

　　不過，雙子和處女對愛情的定義雖有明顯差距，但兩人卻有一個極大的共同點，那就是都很重視心智活動，這方面雙子帶給處女的刺激和啟發既豐富又多元，不僅可補足雙方之間的差異，更能在互動溝通的過程中儘快取得共識，愛意相隨。

◈ 如何吹奏兩人的愛情協奏曲？

　　兩人性格不相容、氣味不相投、生活不搭軋，從見面的第一眼就在心裡畫一個大叉，接二連三的罵聲從心裡冒出來，只差沒有真的脫口而出，立刻列入不往來的黑名單。但神奇的是，不契合的狀況竟隨著幾次的相處，演變成不打不相識，兩人慢慢理解對方，原本的壞印象也會持續減少，所以，雙方應該試著多給彼此機會去表現各自的優點，如此一來，愛苗就有空間慢慢滋長了。

讓處女動心的祕技 有禮貌，乾淨整齊，

知性話題。

讓處女窩心的禮物 健康用品、有機食品、

筆記本、精美日用品。

讓處女開心的場所 強調健康概念的餐廳、

聽演講、博物館、書店。

雙子 love 天秤

天秤情人是標準的「外貌協會」，除了自己愛美、注重形象之外，就連情人的長相、氣質、穿著打扮，甚至生活品味，都要一併列入考慮，只要稍有差池就淘汰，平時喜歡當濫好人，為了顧全大局，總是鄉愿妥協，但與外形有關的部分絕不會委屈求全。

讓這個人滿意了，可能那個人就生氣了，同意了這邊的要求，就等於拒絕了那邊的好意……最怕陷入兩難的矛盾情緒，一遇到需要抉擇的場面，不是刻意敷衍，就是隱遁逃避，直接來個不問不理。

對於愛情的態度是柔軟清爽，而不是濃厚強烈，即使是情人之間的相處，也只像一陣舒爽輕柔的風，或像一條澄淨透明的溪水，或像時而淡

香、時而無味的空氣，絕不是熾茂餤盛的烈愛，也不是糾糾纏纏的熱情，和一般人對愛情的期待大不相同。

雙子和天秤都是理智又冷靜的人，即使身處濃情蜜意的情愛之中，仍保持一貫的理性姿態，既少有卿卿我我的行徑，也不常見情人間應有的親暱感，反而比較像感情好、默契佳的朋友，談論非關愛情的主題比談情說愛的時間多很多。

對於雙子花名在外的情形，天秤雖有些擔心，卻不會強硬制止或用一哭二鬧三上吊的爛招術來威脅雙子，因為這麼做只會讓雙子更快離開，而雙子對天秤好得令人羨慕的異性緣，也沒有太多關注和壓力，認為彼此的感情好壞與各自的社交生活是不相抵觸的，實在沒必要為了配合對方而改變，算是一組步調與頻率都很和諧的配對。

◈ 如何吹奏兩人的愛情協奏曲？

　　初見對方的感覺，即使沒有如天雷勾動地火般的激烈，一定也有小鹿亂撞、心跳加快那種被愛神之箭射到的甜蜜感覺，簡單地說，就是好感說不完的一見鍾情。兩人才相處三天就像認識了三年似的，完全不需要適應期，也沒有使人感覺不快的隔閡，任何困難都可攜手共度，相知相隨，親暱熱切，情感濃烈的幸福程度，讓所有人都羨慕不已。

讓天秤動心的祕技 溫和，精心打扮，

熱情。

讓天秤窩心的禮物 時尚精品、香水、

音樂盒、設計師名品。

讓天秤開心的場所 優雅的咖啡廳、流行

商品店、名牌店、音樂廳。

雙子 love 天蠍

　　天蠍情人的愛情是濃密厚實、是深沉入裡、是專心一志、是飛蛾撲火、是欲念橫流……是沒有做好心理準備就陷落的人，承受不起、也消化不了的。滿滿一缸醋罈子，隨時等著打翻，對情人的精神與肉體施以同樣嚴格的控管，連一點細縫都不留。

　　疑心病重，心思縝密，觀察力過人，喜歡追根究柢，對方只要有一點不對勁，便立刻著手調查，而且是暗中偵察，絕不會做出打草驚蛇的傻事，非要查個水落石出不可，並保證讓對方心服口服。

　　只要認定了一個人、一段感情，再多犧牲奉獻也覺得心甘情願，最痛恨欺騙和背叛，對方若膽敢在背後亂搞，即使僅有一次，也會立刻被判

死刑，不但永無翻身之日，還可能遭到嚴厲的懲罰和報復，是一個占有欲極強、寧為玉碎不為瓦全的激情分子。

雙子喜歡人多的熱鬧氣氛，和各領域的人都有一定程度的交情，但天蠍卻恨不得永遠躲在陰暗角落裡，不善於處理人際關係。當雙子手舞足蹈地跟天蠍分享著剛收到熱騰騰的八卦時，天蠍縱使心裡有些感興趣，但臉上的表情始終冷漠淡然，讓雙子有一種拿自己熱臉去貼別人冷屁股的無趣感，一次兩次之後，雙子沒有耐心再試了，乾脆直接轉換對象，而兩人的感情也就隨著無疾而終。

雙子和天蠍無論從哪一個角度來看，都找不到共同點，雙子喜歡的往往是天蠍排斥的，天蠍熱衷的往往是雙子沒興趣的，兩人連一點火花都起不了，更別說會有什麼感人溫馨的愛情故事了。

◈ 如何吹奏兩人的愛情協奏曲？

大部分的時候，雙方就像兩條平行線，很難有交集，既不想知道對方的任何訊息，也不可能主動關心對方，總是各自為政、互不搭理。因為彼此沒有互動的渴望，所以即使有接觸的機會，也很難建立在愛情上。基本上，要兩人相安無事地相處，並非難事，反而要培養出情投意合的愛意是比較不容易的，所以，一定要不斷地運用各種方式激發出自己與對方的熱情，才有可能長相廝守，直到永遠。

讓天蠍動心的祕技 自信，循序漸進，不探隱私。

讓天蠍窩心的禮物 精油蠟燭、偵探小說、占卜工具、神祕學書籍。

讓天蠍開心的場所 電影院、幽靜木林區、具靈異氣氛的場所。

雙子 love 射手

　　射手情人無法在兩人世界耽溺太久，才相處幾天，立刻把平時陪在身邊瞎混瞎聊的好友拉攏過來，一起吃喝玩樂、遊山玩水，從兩人世界變成三人，再變成六人、十人……最後狐群狗黨全都上場，明顯多了插科打諢的歡樂氣氛，但浪漫的愛情氣息則蕩然無存。

　　沒有定性，所以無法和同一個人膩在一起太久；熱愛自由，所以無法被同一段情感長時間束縛；討厭壓力，所以無法給出一個具體的承諾。絕大部分的基本特質與愛情本質是相悖的，且改變不易。

　　因為自己開朗樂觀、大方豪邁，因此希望對方也是個正向陽光、心胸開闊的人，如果一天到晚只在乎小細節、只是唉聲嘆氣、只想緊迫盯人、

只吵著要兩人獨處、只懂得用恐嚇威脅、只會說一些假裝讚美的應酬話,那麼,兩人的結局恐怕凶多吉少。

雙子和射手對於愛情的處理方式有異曲同工之妙,就拿承諾這件事來說,雙子是習慣性的輕許承諾,常常在情急之下為了脫身,只好隨口答應,根本不考慮後果或自己能不能做到,而射手則是完全不給承諾,不管用什麼威脅利誘的方式,都無法讓射手就範,如果對方又變本加厲地使出狠招,射手乾脆一走了之,不聞不問。

當雙子遇上射手,明知對方不來愛的承諾這一套,卻因為情愫作祟,還是忍不住對對方有所期待,但是,事實終究是殘酷的,彼此都無法對未來保證什麼,最後只好回歸性格本質,找出兩人的優點和契合之處,重新建立愛情模式,為幸福快樂的生活而努力。

◇ 如何吹奏兩人的愛情協奏曲？

　　一開始就注意到對方，但沒有好感，看不順眼，隨口就可以講出對方千百個令人討厭的缺點，沒想到慢慢地，越看越有趣，臉上笑容變多了、心變柔軟了、喜上眉稍的感覺藏不住了，冤家變親家，一段致命吸引力的情緣從此展開……既然彼此真有愛意，就應該多包容、多站在對方的立場思考，相互磨合修整，互斥自然就變成了互補，美麗圓滿。

讓射手動心的祕技 不約束，講笑話，

活動力強。

讓射手窩心的禮物 旅遊用品、太陽眼鏡、

笑話書、民族風飾品。

讓射手開心的場所 具異國風情的餐廳

或景點、同樂會、大自然。

雙子 love 摩羯

　　摩羯情人凡事追求踏實安定，即便遇到以夢幻浪漫為本質的愛情，亦不改其堅定不移的態度和立場，一旦決定與某人交往，必是以結婚為前提作考慮，認真程度一如面對工作時的嚴謹負責，而且備有長期周詳的愛情計畫，絕不輕言兒戲。

　　表面看起來穩健自信，其實內心摻雜著脆弱悲觀的性格，需要身邊的人時不時地給予肯定和鼓勵，才得以抒解壓力和排解苦悶，繼續努力向前，所以情人必須扮演多重角色，既要是溫柔體貼的情人，也要是善於傾聽兼加油打氣的心靈導師。

　　不懂享受，毫無情趣，更惶論花錢花心思買生日禮物、過情人節或為紀念日慶祝，舉凡基本生活需求之外，一切從簡，認為真正的愛情應該

是兩個人老老實實地同甘共苦，而不是不知民間疾苦地拚命享樂。

雙子把愛情當成遊戲，而且是玩法越花俏、氣氛越熱鬧、參與的人越多越好，至於因為人多而引發的複雜關係，或因為玩法過火而造成的負面影響，雙子是不會在意的；摩羯把愛情當成工作，而且是一項只有你和我、只有全心全意地經營和付出、只有結婚這唯一的目標。

雙子因為難以忍受枯燥乏味、了無新意的感覺，所以無法長期把心思放在同一個對象身上，然而，摩羯卻剛好相反，如果要同時應付好幾個對象，倒不如直接退出愛情戰場，還比較輕鬆愉快。雙子和摩羯的愛情觀南轅北轍，出發點不同，目的地也不見得一樣，即使費盡力氣溝通，也只是雞同鴨講，毫無結論。

◈ 如何吹奏兩人的愛情協奏曲？

　　彼此之間好像隔著千山萬水，只能遙遙相望，不太有機會親近對方，而雙方也的確都沒什麼相互接觸的意願，屬於感情難以培養的組合。每次好不容易努力把兩人送作堆，卻又狀況連連，不是一方莫名地礙著了另一方，就是雙方互不給好臉色，實在難相處，所以，兩人特別需要學習摒除成見與耐心溝通，才有可能進一步往好的方向發展。

讓摩羯動心的祕技 言之有物的談話，
端莊，正面思考。

讓摩羯窩心的禮物 名牌皮件、經典文具、
實用的傢俱、古董。

讓摩羯開心的場所 山區、公園、郊外、
書店、古蹟、博物館。

雙子 love 水瓶

　　水瓶情人常因博愛精神而被認定為花心大蘿蔔，其實這性格特質與愛情是無關的，必須分開來看待。在還沒確定一段感情之前，廣交異性，來者不拒的行為，的確容易被當作遊戲人間的花蝴蝶，可是一旦定下來之後，則自然會收斂許多，只留唯一的真愛。

　　無論在思想或行為上，都追求最大限度的自由，只要有一點拘束限制的感覺，立刻毫不客氣地變臉走人，寧可放棄甜蜜的情愛、契合的交流、溫暖的陪伴，也要爭取自我應有的空間。

　　聰慧、自我、創新，所以特別喜歡反應快、有想法，而且夠獨立的對象，不管大部分人的愛情模式和規則是什麼，只願意接受讓自己覺得舒服快樂的方式，即便可能因此引發爭端、招來非

議，仍堅持繼續試探衝撞，直到雙方找到相同的頻率為止。

　　雙子的朋友很多，和三教九流、男女老幼都有來往，花在朋友身上的時間不會比花在情人身上還少，是一個需要與外界保持密切聯繫的人，水瓶的交友狀況雖不似雙子活絡，但卻和雙子一樣渴望自由，所以絕對不會傻到用愛情來綁縛雙子，即使兩人之間出現問題，也盡量用溝通的方式解決，總覺得在不理性的愛情裡，一定還是能找出一條理性的路，讓雙方有機會攜手走下去。

　　雙子讓水瓶覺得很自在，因為沒有強制的壓力，水瓶讓雙子覺得很開心，因為天馬行空、創意無窮，彼此都知道對方喜歡什麼和討厭什麼，雖然營造出的愛情氛圍並不濃烈，卻能長久不墜。

◈ 如何吹奏兩人的愛情協奏曲？

　　兩人有共同的性格特質和興趣，什麼話題都能聊，在一起做什麼都覺得開心，對方有的傲人優勢，自己也有，所以可以痛快暢談，而對方有的不為人知的缺點，亦心有戚戚焉，所以不必費心遮掩，感覺特別輕鬆自在，算是一組契合的配對。但要注意的是因為同質性高，怕日長生膩，因此必須特別用心經營，才能長久維持下去。

讓水瓶動心的祕技 獨立，以退為進，

培養相同興趣。

讓水瓶窩心的禮物 最新科技商品、科幻

小說、漫畫書、奇特商品。

讓水瓶開心的場所 3C賣場、天文館、

可觀星的郊外、展覽會。

雙子 love 雙魚

雙魚情人希望自己二十四小時都能在愛情海裡悠遊，不用管生活的壓力、煩人的工作、複雜的人際，只要整天和情人黏在一起，你儂我儂、甜甜蜜蜜，就等於擁有了無與倫比的快樂。

情緒是混雜的，情感是曖昧的，搞不懂自己到底想要什麼，說不清自己到底愛誰比較多，一旦處於質詢逼問的緊繃場面，只會選擇逃離，留下關係糾纏交雜的爛攤子。生性膽小怯懦，學不會拒絕，也不懂得分寸和自制，特別容易被人騙，或在不知不覺中騙了別人。

愛聽對方講心事，也喜歡講自己的故事給對方聽，快樂時一起大笑，悲傷時一起落淚，情感被交融得濃稠緊密，從此認定那就是浪漫情懷、就是千金萬金買不到的至愛真情，但誰知過幾天

又遇到情投意合的對象，所有夢幻感性重新再來一遍，彷彿沒完沒了的情愛輪迴。

雙子和雙魚面對愛情時，相同之處是兩人都容易游移不定、不夠專情，而不同之處則是雙子理性、雙魚感性，但大體來說，兩人都被大家歸屬於變心機率高的族群。

雙子因為需要擁有自我的空間，即使在你儂我儂的愛情世界裡，也要爭取一個人喘息的機會，所以喜歡具有獨立自主性格的對象，然而，雙魚卻是一個沒有依靠他人就活不下去的人，心情好時，希望有人一起拍手跳舞，心情不好時，更期待有人在身旁安慰鼓勵，但事實上，害怕穩定的雙子根本不可能因為要讓雙魚有安全感，就寸步不離地隨侍在側，可見，兩人的愛情世界是沒有交集的。

◈ 如何吹奏兩人的愛情協奏曲？

　　無論談什麼話題，不是各持己見，就是相互批評，根本是話不投機半句多，對生活的態度，一個灑脫一個嚴謹，對愛情的認知，一個開放一個收斂，簡直是秀才遇到兵，有理講不清，實在很難溝通。兩人之間最欠缺的就是傾聽對方心裡的聲音，若只是一昧地表達自我想法或堅持自我主張，恐怕連和平相處都有困難，更不可能談情說愛了。

讓雙魚動心的祕技 浪漫溫柔，主動，體貼。

讓雙魚窩心的禮物 手製卡片、花、水晶飾品、巧克力、宗教飾品。

讓雙魚開心的場所 海邊、有月光的公園、動物園、靈修場所。

12 星座之天使與魔鬼

天使牡羊：熱心，真誠

          魔鬼牡羊：粗暴，衝動

天使金牛：溫柔，可靠

          魔鬼金牛：頑固，耍牛脾氣

天使雙子：風趣，資訊達人

          魔鬼雙子：花心，沒原則

天使巨蟹：奉獻，善解人意

          魔鬼巨蟹：濫情，猜疑

天使獅子：大方，誠懇

魔鬼獅子：權勢，剛愎自用

天使處女：服務，負責

魔鬼處女：批判，規矩多

天使天秤：優雅，妥協

魔鬼天秤：推拖，好逸惡勞

天使天蠍：專心，堅持

魔鬼天蠍：嫉妒，報復

天使射手：開朗，直率

魔鬼射手：直言，不切實際

天使摩羯：勤奮，謙遜

魔鬼摩羯：刻板，現實

天使水瓶：創新，人道精神

魔鬼水瓶：抽離，冷漠

天使雙魚：愛心，關懷

魔鬼雙魚：混沌，說謊

PART 5

12 種上升星座，12 種雙子

除了基本的太陽星座，

上升星座在深入探討性格時也會被談到，

它會影響了個人的相貌特徵和外型氣質，

還包括呈現給別人看的性格面具。

上升星座查詢連結（需要輸入出生年月日時間及地點）

https://www.astrotw.com/horoscope/asc

上升星座落在牡羊的雙子

上升牡羊的相貌特徵

✪ 頭部比例明顯較大

✪ 不高大，但具結實感

✪ 手掌和腳掌比例較小

上升牡羊的外型氣質

✪ 精力旺盛，急躁直率

✪ 眼神中透出天真單純的氣息

✪ 直言，自然，不做作

上升牡羊的人，就像不經困境、不克服挑戰就覺得不夠痛快的勇士，精神振奮、生氣勃勃，全身散發著旺盛的精力和無懼的勇氣，行動迅速

敏捷，隨時處於征戰狀態，有強烈的競爭和好戰意識，見一個打一個、見兩個打一雙，企圖以具體行動來證明自己的實力。

上升星座落在牡羊的雙子，不僅腦筋轉得快，行動力也跟得快，尤其對於新奇的事物特別有興趣，思想開明，具有冒險犯難的精神，但不致會碰觸太危險的事，還懂得明哲保身。

善於在不同族群之間，製造、轉述、傳遞各種話題，總是能拿到第一手消息，為大家帶來剛出爐的熱騰騰新聞，增添不少生活樂趣，但也可能因為話講得多又快而出亂子，必須花好幾倍的力氣收拾殘局。

腦子接收新刺激的能力特別強，總是不斷冒出奇異想法，但因為執行力不佳，總是說得多、做得少，容易給人光說不練的虛浮印象，且往往成為向更高層次邁進的重大關卡。

上升星座落在金牛的雙子

上升金牛的相貌特徵

✪ 身材比例均勻而厚實

✪ 下巴、脖子的線條優美

✪ 成年後有容易變胖的傾向

上升金牛的外型氣質

✪ 溫和，不多話

✪ 情緒穩定，動作緩慢

✪ 有時會顯露出無辜的模樣

上升金牛的人，讓人感覺穩重溫和、緩步優雅，做起事來不疾不徐，既不懂得趨炎附勢，也不隨波逐塵，有自己的步調節奏和原則方法，凡事強調事前規畫與嚴格執行，絕不會讓怠惰壞了大事；喜歡一切與美麗有關的事物、氛圍、感覺，具有一定程度的生活品味。

　　上升星座落在金牛的雙子，因為兩股反向力量產生拉扯作用，使得原本靈活多變的特質被打了折扣，讓人留下一種欲語還休、欲進又退的矛盾印象，且容易因此產生人際障礙。

　　雖然不喜歡死守規矩和被限制的拘束感，但也不致於像脫韁野馬那樣的肆無忌憚，反而能在特定的範圍裡，展現令人驚喜的創意和變化，本身具有一些應付突發狀況的小聰明。

　　對於自我思考模式和邏輯系統十分有信心，往往能對所見所聞提出自己的看法，但也容易因

此自我設限，聽不進別人的勸告，只是一個勁兒地前行，最後終會陷入不聽老人言、吃虧在眼前的窘境。

上升星座落在雙子的雙子

上升雙子的相貌特徵

☆ 肩膀寬厚，肩線明顯

☆ 手指靈活或比一般人長

☆ 大多有視力的問題

上升雙子的外型氣質

☆ 反應靈活，動作敏捷

☆ 表情多，愛說話，且速度很快

☆ 情緒變化快

上升雙子的人，反應靈巧機敏，頭腦轉速是他人的好幾倍，對於周遭人事物的感知力甚強，隨機應變、見風使舵是不費吹灰之力就能運用得宜的拿手絕活；聰慧俐落、點子多，對於知識與資訊的吸收消化能力特別強，經常在團體中扮演訊息交換者的角色。

上升星座落在雙子的雙子，一個身體裡彷彿住了四個人，這四個人的性格時而相近、時而相反，形成錯綜複雜的交叉組合，千變萬化，不僅讓人覺得難以捉摸，有時連自己都無法對自我行為做出合理解釋。

做人做事沒有一致性，這一次不等於下一次，一切視心情而定，再加上嚴重缺乏耐性，所以每次面對事情的態度和解決問題的方式，都會隨著各種五花八門的因素而改變，凡事以開心為原則，隨興所至。

善於蒐集、分析和傳遞資訊，對於資訊的掌握能力，無人能出其右，不僅求新、求多，更求超快速度，每天進出腦子和嘴巴的訊息不知凡幾，是大家公認的資訊達人。

上升星座落在巨蟹的雙子

上升巨蟹的相貌特徵

- ✪ 胸部寬厚、凸顯
- ✪ 皮膚細緻，身材豐腴，屬易胖體質
- ✪ 重心在上半身

上升巨蟹的外型氣質

- ✪ 眼神明亮，含水感
- ✪ 情緒起伏大
- ✪ 沒有侵略性

上升巨蟹的人，給人一種害怕陌生、畏縮膽怯的印象，但本身親和力十足，總是在他人低潮受困時大方伸出援手；對於喜樂哀怒的情緒轉換掌控制能力不佳，易情緒化；重心大多放在自己家庭，或與家庭有關的事務上，例如為家人打理大小事宜，甚至為家人犧牲奉獻等等。

　　上升星座落在巨蟹的雙子，猶豫成性，無論是影響前途、牽連甚廣的大事，或瑣碎細微的小事，都要經過來來回回的左思右想，才能在最後時限內勉強給出一個答案，作風不夠爽俐痛快。

　　心胸寬大，懷著一股幫助他人的熱情，不只是喊喊口號而已，還能真正落實在日常生活之中，尤其幫忙打聽各種消息或居中協調事情，更是得心應手，到處廣結善緣，使人留下親切善良的好印象。

　　心思細密、感覺敏銳，很會看人臉色，但在

做法上卻容易產生拿捏不當的問題，常常不是反應不及，就是用情過度，顯得情緒化，有時候，這樣不安的心情甚至會影響到身邊的人，讓人覺得很不舒服。

上升星座落在獅子的雙子

上升獅子的相貌特徵

⭐ 頭較大，頭髮自然捲，
　　肉結實

⭐ 眼睛大而圓，且眼角向上揚

⭐ 成年後有容易變胖的傾向

上升獅子的外型氣質

⭐ 眼睛炯炯有神，氣勢凌人

⭐ 光明磊落，精神奕奕

⭐ 開朗，愛表現

上升獅子的人，自認是天生活在舞台上、被聚光燈追著跑、擁有眾多支持者的王者，活力充沛、自信滿滿、開明華麗，隨時隨地都在想辦法引起他人的注意，自尊心十分強盛；領導才能突顯，而且架勢十足，自願扛起指揮坐鎮的重責大任，同時享受被人愛戴尊崇的榮譽。

　　上升星座落在獅子的雙子，氣質非凡、品味絕倫，總是能從眾人之中脫穎而出，成為大家目光的焦點，或許自己並不覺得有什麼特別，但其他人卻都認為這股渾然天成的魅力，自有獨特之處。

　　見獵心喜，一旦發現更新奇有趣的目標，立刻對原有計畫棄之如敝屣，沒什麼定性，想到什麼就做什麼，甚至還喜歡拉著其他人一起作陪，把自己的快樂建築在別人的痛苦上，且毫無愧疚感。

具備了成為一個領導人的聰明才智、心態與架勢，每次一出現在群體中，自然就能發揮聚眾的效果，一呼百諾、眾望所歸，只要懂得善用天賦，必可成為受大家愛戴佩服的主導者。

上升星座落在處女的雙子

上升處女的相貌特徵

✪ 骨感，身材比例細緻

✪ 下巴較尖或較瘦，嘴巴較小

✪ 屬於乾性膚質

上升處女的外型氣質

✪ 清爽整齊，有禮貌

✪ 拘謹，小心翼翼

✪ 隨時注意任何細節

上升處女的人，端莊有禮、心思細微、嚴謹務實、認真負責，符合一般社會化標準的期待，容易給他人留下良好的第一印象；組織力和分析力特別強，可以在極短的時間內，把一件事從亂無章法整理成井然有序的系統化，被公認為精練能幹的效率達人。

　　上升星座落在處女的雙子，整個人生主軸都落在思考這件事情上，每天腦子轉個不停，思緒忽焉在東、忽焉在西，靈活百變，是一個有想法又懂得隨機應變的人，各方面表現皆不俗。

　　對人對事的標準都十分嚴格，不管對方的身分背景和才能實力如何，只要一發生偏離正軌的情形，立刻就用犀利苛刻的言辭教訓對方，火力全開、砲聲隆隆，令人咋舌。

　　懂得善用機智巧變的長處，無論接獲什麼任務，都會先做通盤瞭解，然後訂定合適策略，最

後才展開實際行動，絕不貿然下手，總是能維持
他人難以達到的高效率，被公認是一個聰明人。

上升星座落在天秤的雙子

上升天秤的相貌特徵

☆ 身材適中，骨架勻稱

☆ 下巴多有稜角，雙唇飽滿

☆ 穠纖合度，不易過胖或過瘦

上升天秤的外型氣質

☆ 舉止優雅得體

☆ 有親和力，給人舒服的感覺

☆ 口才好，具社交手腕

上升天秤的人，優雅迷人、強調公平原則、善於社交，除非遇到過於不合理的狀況，否則大多會選擇配合他人，以避免製造不愉快的爭端；必須存在於人群團體之中，才會有安全感，無論做什麼都喜歡有人陪伴，藉著與他人的互動，感受自身的需求與心理狀態。

　　上升星座落在天秤的雙子，社交能力無人能敵，輕輕鬆鬆就可以搞定來自四面八方的三教九流，不會有任何適應上的困難，而且不僅自得其樂，連互動的另一方也覺得舒服自在。

　　本身就是一個天生的資訊接收器，任何一點風吹草動都能看到、聽到、感覺到，再加上對於訊息的分析處理和傳遞，簡直天賦異稟，絕對有資格成為備受尊崇的資訊達人。

　　做事只有三分鐘熱度，喜歡的心情只能夠維持三天，隨時等著發掘、嘗試、投入新鮮事，當

新目標出現時，原先的誓言和承諾立刻拋諸腦後，
所以常被貼上「不負責任」的標籤。

上升星座落在天蠍的雙子

上升天蠍的相貌特徵

⭐ 沒什麼腰身，臀部豐滿

⭐ 毛髮烏黑又濃密

⭐ 眼神深邃神秘

上升天蠍的外型氣質

⭐ 獨特的神秘魅力

⭐ 話不多，冷酷靜默

⭐ 性感，悶騷

上升天蠍的人，習慣將真正的情緒藏於內心，外表冷靜內斂、沉著鎮定，與他人之間彷彿隔著一道銅牆鐵壁，堅硬厚實，難以攻破；獨特的神祕魅力、堅忍不移的專注力、無法撼動的意志力，組合成一股凡人難敵的吸引力，靜謐卻幽遠地影響著身邊的每一個人。

　　上升星座落在天蠍的雙子，理智冷靜、以智取勝，尤其在面對問題或困境時，特別能將潛力發揮到最大，不但不會自亂陣腳，也不受他人意見的影響，思路清晰，理性明確。

　　凡事有理說理、有則循則，不走感情用事或人情關說這一套，有時候即使為了某些特殊原因必須配合演戲，但私底下還是會照著自己既定的原則處理事情，不濫情、不隨意通融。

　　心胸不夠寬廣，自掃門前雪，只在乎自己的權益，漠視他人的心情，表面上看來與人為善，

互動溝通也順暢愉快，但實際上卻不容易找到知
己，必須學著站在別人的立場思考問題，才能打
開僵局。

上升星座落在射手的雙子

上升射手的相貌特徵

☆ 身材重心在下半部

☆ 大腿特別結實

☆ 怕熱，容易出汗

上升射手的外型氣質

☆ 帶著一點喜感，很開心

☆ 笑聲大，笑容燦爛

☆ 粗線條，常跌倒或打翻東西

上升射手的人，永遠是那麼快樂無憂、精神奕奕、瀟灑自在，雖然也常被粗心大意或隨興而起的性格所害，但終究是一個樂觀主義者，所有

煩惱皆能轉頭就忘，完全不留痕跡；喜歡學習、交朋友和旅行，善於發揮正面的能量，並努力以行動實踐自己的理想。

上升星座落在射手的雙子，求知若渴，特別享受泡在知識海的滿足感，不但能隨時隨地吸收來自日常生活中各種人事物的相關知識，還懂得如何建立系統架構，以便有效率地應用。

只能快、不能慢，寧可因為追求極速而受傷，也不願因為慢條斯理而急出心臟病來，也許在忘情衝撞、奔馳快跑時，一不小心就會跌入深谷或陷阱裡，但這一切皆是自己的選擇，甘於面對，無怨無悔。

表面上，咧嘴大笑、樂觀地說：「沒問題！」其實，內心存在著不為人知，且充滿逃避意味的緊張不安，言行不合一，無法取得他人的信任，久而久之，形象毀敗，就很難再重塑建立了。

上升星座落在摩羯的雙子

上升摩羯的相貌特徵

✪ 骨架大，肌肉結實

✪ 皮膚顏色較深，髮質較粗

✪ 身材大多屬於清瘦型，
   不易發胖

上升摩羯的外型氣質

✪ 嚴肅，表情不多，沉靜

✪ 帶著一股憂鬱氣質

✪ 少年老成的模樣

上升摩羯的人，外表看起來比實際年齡成熟，

散發一種不開心的憂鬱特質，讓人覺得拘謹嚴厲，

不易親近；做事循規蹈矩、勤奮不懈、嚴守分際，標準的實際主義者，不浪費時間在沒有實質獲利的事情上，付出一分耕耘，就要有一分收穫，不占人便宜，但也不吃虧。

上升星座落在摩羯的雙子，外表拘謹內斂，內心輕盈自由，外在表現與內心想法的衝突性，造就了冷面笑匠的趣味特質，也形成了又傳統又新潮的扭曲性格，讓人有一種不協調的怪異感。

學習力和吸收力都十分強烈，喜歡閱讀和利用課堂教學來充實自己，把增廣見聞當成一種遊戲，在東抓西握、左吸右取之後，慢慢整理出一套只有自己才適用的知識系統，實用無比。

無法在第一時間對人傳遞熱情與誠意，再加上表達力與溝通力的瑕疵，特別容易引發他人的誤解，造成人際障礙與困境，必須學著先釋出善意，才能化解雙方的歧見，互動順利。

上升星座落在水瓶的雙子

上升水瓶的相貌特徵

- ✪ 身材比例較好
- ✪ 手和腿的曲線優美
- ✪ 皮膚細緻白皙

上升水瓶的外型氣質

- ✪ 帶著靈氣的獨特美感
- ✪ 思緒清晰，說話條理分明
- ✪ 冷靜，有自己的想法

　　上升水瓶的人，低調冷漠、古怪獨特，不喜歡惹人注意，總是站在遠離核心的邊陲地帶，以冷眼旁觀的姿態看著一大群行為模式相同的人，

我行我素，需要百分之百的自由；對於與人類福祉相關的活動特別熱衷，是一個極具博愛精神的人道主義者。

上升星座落在水瓶的雙子，聰明絕頂、智力過人，舉一就能反三，即使是第一次接觸的事也可以在最短的時間內搞懂箇中蹊蹺，並立刻做出反應，以迅雷不及掩耳之勢，瞬間解決許多問題。

痛恨被綁縛約束、被規定限制，只有在自由的空氣中才有活著的感覺，鄙夷那些重視金錢物質甚於一切的人，將其視為腐敗的象徵，不願同流合污，嚮往自由自在的逍遙生活。

對於人事物的態度總是冷漠疏離、雲淡風輕，一副事不關己的樣子，讓人覺得有極大的距離感，也不會主動關心他人，心思全放在自己身上，被認定是一個情感冷淡、自我意識強烈的人。

上升星座落在雙魚的雙子

上升雙魚的相貌特徵

✪ 頭的比例較小，髮質柔細

✪ 眼睛大，但是無神

✪ 膚質好，腿細長

上升雙魚的外型氣質

✪ 眼神時而迷濛、時而無辜，
很會放電

✪ 夢幻，膽怯，心不在焉

✪ 情感豐富，易被影響

　　上升雙魚的人，愛幻想、情感豐沛、靈氣逼
人，散發著惹人憐愛的溫柔氣質，對於音樂和藝

術的感受力遠遠超越一般人，但容易產生悲觀的想法，自信不足，怯懦膽小；配合度高，沒有強烈的企圖心，不喜歡沉重的責任和競爭的壓力，追求形而上的精神生活。

上升星座落在雙魚的雙子，複雜的情緒和紛亂的思緒，一直縈繞在心裡、腦子裡、血液裡，時而亢奮高漲，時而低落虛弱，無法理出頭緒，自己覺得不知如何是好，旁人也無從幫起。

脾氣偶有急躁的時候，但大致來說是溫和親切的，容易和人成為朋友，互動氣氛輕鬆愉快，在團體中的人緣不錯，不過很難與人深交，知己難尋，有時會因此而感到寂寞孤單。

性格中游移、飄移的成分頗高，總是在懷疑什麼、擔心什麼，沒有安全感，找不到原則，意志也不夠堅定，所以特別容易受他人或外在環境的影響，為此常浪費許多不必要的心力和時間。

PART 6

怎麼辦？雙子～

人不可能永遠遇到好人或只與自己契合的人相處，

一旦遇到令自己覺得不舒服、厭惡、痛苦的人，

該怎麼辦呢？

這裡的求生術將帶你脫離苦海，

打造美麗人生！

遇到自我牡羊，怎麼辦？雙子～

牡羊一向只看自己想看的、只聽自己想聽的，把別人的意見當耳邊風，視他人的需求如垃圾糞土，彷彿活在用銅牆鐵壁築起的自我世界裡，除非牡羊自己有意願走出那個大門，否則就算祭出火力驚人的砲彈火箭，也是徒勞無功。牡羊雖有無窮的精力和熱情，但全都是投己所好，其他人只有跟隨在後的分兒，別想另外撈到半點好處。

雙子也具有某種程度的自我，但本質與牡羊的自我不同，雙子是隨心所欲地來去，不太理會他人的情緒，而牡羊的自我則帶有強迫性，容易讓旁人有被強制、壓迫，甚至侵犯的感覺。

當雙子遇到牡羊時，不必著墨兩人的差異之處，只要保持適當距離，遠遠地欣賞著對方的優點，就能相安無事、和平愉快。

遇到沒幽默感金牛，怎麼辦？雙子～

金牛喜歡專一單純的感覺，認為把一件事做到一百分，勝過同時處理三件事，但卻都只有七十分，還來得令人安慰、振奮，這就是金牛獨有的專注特質。然而，心無旁騖的結果，卻讓金牛一頭栽進眼前的事物和工作，視野侷限、意念僵化、靈活度不足，總是讓人覺得過於正經、嚴肅拘謹，而且話題貧乏，沒有幽默感。

雙子總是能帶給大家最勁爆的八卦、最有趣的故事、最新鮮的時事，談笑風生，把每個人都逗得樂哈哈，而金牛在口才方面的能力則明顯弱勢，掛在嘴邊的盡是一些正經八百的話題，很難讓人感興趣。

當雙子遇到金牛時，不要期待對方會有任何回應，只要一個勁兒地猛講，帶動開心的情緒，原本稍感凝結的氣氛自然會漸漸好轉。

遇到善變雙子，怎麼辦？雙子～

雙子對於「變化」的渴求，就像人要呼吸、吃飯、睡覺一樣，是一種不需要特別說明、毫無理由的天性。雙子討厭固定、痛恨重覆、受不了規則，別人認為沿襲舊制，省時省力又可避風險，雙子卻覺得玩新花樣才是王道。雙子隨時都在尋找新題材，一日數變是家常便飯，朝秦暮楚更是怎麼也改不了的自然本性。

雙子是兩種不同性格的組合體，同理可證，兩個雙子就變成了四種性格的總和，其錯綜複雜的程度迅速倍增，如果再加入各種突如其來的外力因素，難被理解的情形可見一斑。

當雙子遇到雙子時，多彩多姿的生活可期，不按牌理出牌的玩法層出不窮，不必設限，只要適時閃躲危機，就能相處得快樂又自在。

遇到多愁善感巨蟹，怎麼辦？雙子~

巨蟹看待一件事，總是不由自主地用負面角度思考，缺乏安全感，老是覺得有不好的事情要發生，明明晴空萬里，卻硬要說烏雲很快就會飄過來了，接著，狂風暴雨、雷電交加，難逃一場史無前例的大災難……事實上，花兒照樣開，鳥兒照樣叫，什麼事也沒發生，一切都是巨蟹自己嚇自己，同時也給了旁人莫名的壓力。

雙子是理性的，不會讓自己的情緒長期駐足在某一種狀態裡，時而悲傷、時而開朗，轉換自如，毫不費力，而巨蟹則容易傾向悲觀的想像，老是為某人或某事擔心受怕，心頭無形的重擔始終無法放下。

當雙子遇到巨蟹時，不妨運用自己的三寸不爛之舌，帶給對方歡樂與希望，雖然可能無法立竿見影，但雙方的好感必能日漸提升。

遇到驕傲獅子，怎麼辦？雙子～

　　獅子一生永遠不缺的就是滿滿的自信，在風光顯赫的時候，盡享眾人的掌聲和擁戴，在平凡貧乏的時候，持續努力往明亮的高處前進，在黑暗低潮的時候，仍不放棄贏得夢想的企圖。獅子對於自己本身與所擁有的一切皆感到無比驕傲，堅信自己是這世界上獨一無二、無人可取代的，全身散發一股傲氣逼人的氣勢。

　　雙子喜歡興味盎然、豐富多變的人生，對於名利不是那麼在乎，覺得日子過得快樂最重要，而獅子則將名譽和地位視如生命，一生以自我成就為傲，逢人就張揚炫耀，驕傲神情溢於言表。

　　當雙子遇到獅子時，猶如一冷一熱，沒有利益衝突或意氣之爭的機會，只要適時提供有趣話題，就能為雙方製造源源不絕的快樂。

遇到挑剔處女，怎麼辦？雙子～

處女凡事都往最細小、最精微的地方鑽，整個人就像一支千倍放大鏡加高速雷達，無時無刻對周遭的人事物進行最高等級的偵測，只要出現一點點誤差，哪怕是零點零幾，同樣毫不留情的揪出來，嚴加檢討、擬訂改進方案，並澈底執行。處女的挑剔成就了自己認真務實、負責任、高效率的好口碑，但也在人際互動上形成一道看不見的障礙。

雙子看任何事都雲淡風輕，少有神色緊張或眉頭深鎖的表情，而處女則凡事都要盯緊抓牢，深怕一鬆懈就出問題，總是把力氣用在極少人會發現的細微處，對自己嚴格把關，對他人也極盡挑剔。

當雙子遇到處女時，對對方的性格心知肚明，因此只要不給對方製造麻煩、盡可能遵守應有的遊戲規則，就是最有誠意的相處之道。

遇到鄉愿天秤，怎麼辦？雙子～

　　天秤一輩子最怕的事就是得罪別人，不管誰對誰錯、是非黑白，反正就是無法接受尷尬或緊張的人際關係，寧願自己鞠躬哈腰、居中協調、四處勸說、陪笑裝低姿態，也不能讓自己的形象被任何一個人扣到分數，耗盡所有能量、用盡所有人情、拚盡所有力氣，就是為了營造美好的門面與一團和氣的舒適氣氛。

　　雙子在團體裡雖不會一味地堅持己見，但也不愛配合他人，大多自成一格，只走自己想走的路，但天秤卻經常為了希望有人陪伴，而需要更換姿態、調整想法、改變標準來配合各式各樣的人。

　　當雙子遇到天秤時，可以保持交換新資訊的習慣，並攜手悠遊於不同的社交場合，把人生當成遊樂場，快意歡愉、輕鬆自在。

遇到好強天蠍，怎麼辦？雙子～

天蠍生來倔強、不認輸，對於訂下的目標，堅持達成，即使在這一路向前的過程中，可能需要上刀山、下油鍋，仍義無反顧。天蠍之所以能忍人所不能忍，關鍵就在於比別人多了一份堅毅的信念，絕非只是傲骨的硬撐，或被某人某事刺激之後的拚勁，而是對自我負責的表現，不需給任何人交待，跟自己比賽，有一股求好的強烈決心。

雙子的自信展現在言談和舉手投足之間，不太在意輸贏，認為生活過得開心最重要，而天蠍則勝負心強，喜歡與人較量高下。

當雙子遇到天蠍時，不要被對方強烈的陰沉特質的影響，其實那只是習慣性的武裝，只要拿出自己平時愛玩、愛新鮮的自然派風格，對方就會卸下心防，立刻化敵為友，讓雙方都鬆一口氣。

遇到理想化射手，怎麼辦？雙子～

　　射手容易顯露理想化的毛病，但與做白日夢不同，所以更精確的說法應該是射手愛畫大餅，而且總是過度樂觀。射手一向走現學現賣、船到橋頭自然直的即興路線，懶得規畫，也不想花時間做事前準備，對自己的能力很有把握，從不知「仔細謹慎」這四個字怎麼寫，往往冒險過了頭、栽了跟斗，才會對收斂的人生哲學略有體悟。

　　雙子和射手皆以學習力強著稱，但雙子強調的是知識，而射手拿手的是學識，前者偏重快速、多元，後者則注重深度、廣博，然而，射手更鮮明的性格是無可救藥的樂觀，理想化的程度直逼百分百。

　　當雙子遇到射手時，高談闊論地一起造夢、畫大餅，倒是無傷大雅，但千萬別在行動上跟著對方狂奔飛馳，否則爛攤子很難收拾。

遇到不擅溝通摩羯，怎麼辦？雙子~

　　摩羯在溝通方面一直存在著極大的障礙，而這缺點所延伸而出的影響還真不少，例如人際關係受阻、吃力不討好、容易被誤解等等，更糟的是，摩羯在這方面的認知標準和大家有所不同，並不覺得自己有什麼問題，當然也就無意改善，長久下來，原本即與一般人頻率搭不上線的情形愈加惡化，讓人只想敬而遠之。

　　雙子的絕活之一就是溝通能力，不管兩邊的分歧差異再大，都有辦法撮合擺平，而摩羯在這方面的表現則硬如頑石，有待加強。

　　當雙子遇到摩羯時，就像一路直行的單行道，沒有交會的時刻，所以乾脆放鬆心情，自行決定何時出發、要在哪裡臨時停車、速度要快要慢等等，不為對方的反應預設立場，失望和氣惱自然會減少許多。

遇到冷漠水瓶，怎麼辦？雙子～

　　水瓶習慣冷眼旁觀、抽離人群的生活模式，學不會熱情，也不可能主動示好，害怕長期且過度融入某個團體、執著於某個想法，或是和某人太過親暱的感覺，那會讓水瓶覺得自己很蠢、很沒風格，所以特別堅持看事情要保持一定的距離，才不會產生盲點或同流合污，與人相處更需保留適度空間，省去不必要的麻煩。

　　雙子雖不屬於熱情派，卻還不致於被歸類到冷漠一族，只是比大部分的人理智些，但水瓶不然，經常被冷靜、冷漠、冷眼等這類冷字輩的形容詞圍繞，總是有辦法從熱鬧歡騰的氣氛中抽離，真是冷酷到底。

　　當雙子遇到水瓶時，雖然熱情程度有差，但頻率卻仍有相似之處，所以只要找對話題，氣味相投的感覺就能讓彼此的熱度頓時升高。

遇到膽小雙魚，怎麼辦？雙子～

雙魚缺乏勇氣，沒有安全感，經常活在擔心受怕的情緒之中，明明眼前一片坦途，卻老是覺得危機四伏，明明已經做好萬全的準備，卻仍然憂心忡忡，導致往往還來不及行動就退縮或裹足不前的情形，成不了大事，只能跟隨別人的腳步，表面上讓人覺得配合度極高，十分隨和，其實是一個無法擁有自我想法的背後靈。

雙子的性格雖不衝動，但為了滿足好奇心和嘗鮮求快的欲望，仍具備了一定程度的冒險精神，而雙魚則碰這個也怕、摸那個也嚇，永遠走在別人的後面，寧願當膽小鬼，也不想承擔任何風險。

當雙子遇到雙魚時，不需多費唇舌說服對方，只要適時丟出一些好處，就能讓對方發夢幻想，不知不覺追隨而行，從此死心踏地。

12星座不易被發現的隱藏性格

牡羊　習慣逞兇鬥狠的牡羊，真要哭起來，猶如天崩地裂，挺嚇人的！

金牛　肢體不靈活的金牛，如果有高人指點，有機會變身為舞林高手。

雙子　好像可以同時處理好幾件事的雙子，其實瞎忙的成分比較高。

巨蟹　多慮膽小的巨蟹，一旦犧牲奉獻，則勢如破竹、勇氣過人。

獅子　愛熱鬧的獅子，也會有不愛搭理別人的自閉傾向。

處女 表面端莊整齊的處女，在沒人看見的時候，完全不是那麼回事。

天秤 要求平衡、客觀的天秤，其實主觀的不得了。

天蠍 冷酷、疑心病重的天蠍，一被打動，就完全受對方擺布。

射手 粗線條的射手，在研究學問時，倒是十分仔細謹慎。

摩羯 拘謹嚴厲的摩羯，遇到喜歡的人，會變得非常浪漫。

水瓶 看起來不問世事的水瓶，其實對所有狀況都瞭然於胸。

雙魚 說話含糊、不具體的雙魚，心中早有答案，只是不說而已。

星座小熊 第一本星座書 雙子座
話題滿滿接梗王

作　　者／星座小熊，曾新惠
美術編輯／達觀製書坊
責任編輯／twohorses

企畫選書人／賈俊國

總 編 輯／賈俊國
副總編輯／蘇士尹
編　　輯／黃欣
行銷企畫／張莉滎、蕭羽猜、溫于閎

發 行 人／何飛鵬
法律顧問／元禾法律事務所王子文律師
出　　版／布克文化出版事業部
　　　　　115 台北市南港區昆陽街 16 號 4 樓
　　　　　電話：(02)2500-7008　傳真：(02)2500-7579
　　　　　Email：sbooker.service@cite.com.tw
發　　行／英屬蓋曼群島商家庭傳媒股份有限公司城邦分公司
　　　　　115 台北市南港區昆陽街 16 號 5 樓
　　　　　書虫客服服務專線：(02)2500-7718；2500-7719
　　　　　24 小時傳真專線：(02)2500-1990；2500-1991
　　　　　劃撥帳號：19863813；戶名：書虫股份有限公司
　　　　　讀者服務信箱：service@readingclub.com.tw
香港發行所／城邦（香港）出版集團有限公司
　　　　　香港九龍土瓜灣土瓜灣道 86 號順聯工業大廈 6 樓 A 室
　　　　　電話：+852-2508-6231　　傳真：+852-2578-9337
　　　　　Email：hkcite@biznetvigator.com
馬新發行所／城邦（馬新）出版集團 Cité (M) Sdn. Bhd.
　　　　　41, Jalan Radin Anum, Bandar Baru Sri Petaling,
　　　　　57000 Kuala Lumpur, Malaysia
　　　　　電話：+603- 9056-3833　　傳真：+603- 9057-6622
　　　　　Email：services@cite.my
印　　刷／韋懋實業有限公司
初　　版／2024 年 5 月
定　　價／300 元
I S B N／978-626-7431-24-5
E I S B N／9786267431252（EPUB）

城邦讀書花園　布克文化
www.cite.com.tw　www.SBOOKER.COM.TW